まち[illegible]を描く！

自治体のSDGs

JN038272

高木 超［著］

学陽書房

はじめに――自治体職員がＳＤＧｓを「活用」する時代に

本書の主題である「ＳＤＧｓ（エスディージーズ）」は、政府によって地方創生と結びつけられたこともあり、ここ数年で一気に自治体におけるキーワードの一つになりました。

一方で、ＳＤＧｓについて、自治体で働く友人に尋ねてみると、様々な反応が返ってきます。

ＳＤＧｓって、なんだか胡散臭い
横文字で住民に伝えても広がらない
エコと何が違うのか分からない
何十年も前から言われていた理想の寄せ集めに見える
これまで自治体が対応していたことに、ＳＤＧｓが追いついてきただけ
具体的に何をすれば良いのか分からない

こうした声から、ＳＤＧｓへの期待だけではなく、困惑も入り混じった状況であることが分かります。

ＳＤＧｓ未来都市などの先行する自治体の取り組みは、手探りの状態から、彼らが必死に歩を進めて実現できた成果であり、大半の自治体はＳＤＧｓの活用に戸惑いを感じているのではないでしょうか。

そこで、筆者なりの方法論と、先行自治体の事例を掲載した『ＳＤＧｓ×自治体 実践ガイドブック 現場で活かせる知識と手法』（学芸出版社）を出版しました。大変ありがたいことに、たくさんの方にお読みいただきましたが、「自治体全体の取り組み事例だけでなく、自分の部署で実践できるような具体例をもっと知りたい」「先進自治体が、ＳＤＧｓを推進する過程で直面した困難や、そこから得られた示唆をもっと知りたい」という声も多く寄せられました。

本書では、実際に自治体のいくつかの部署で実践できるような事例もできる限り紹介しています。本書を読めば、ＳＤＧｓを使って、政策や事業をアップデートするコツをつかむことができるはずです。

前著を読んでくださった方には、さらに理解を深めながら、実践に結びつけていただけると願っています。また、初めてＳＤＧｓに触れる方にも理解していただけるように、基本的な説明や最新の情報も紹介しています。

本書が、自治体で働くあなたの役に立てれば、とても嬉しく思います。

著者

まちの未来を描く！　自治体のＳＤＧｓ●もくじ

第1章　ＳＤＧｓをローカルな課題で考える

第3章 つながる自治体とSDGsの現在と未来

第4章　あなたの部署は何ができる？

第5章 SDGsで変わる議会の仕事

第1章

SDGsをローカルな課題で考える

1 貧困をなくそう

貧困をなくそう

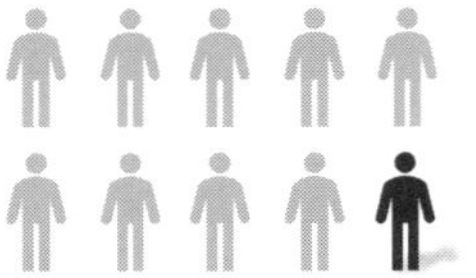

約8億3600万人（2015年時点）

1990年と比較すると
確実に減少しているが、
世界では、
10人に１人が
極度の貧困に苦しんでいる。

SDGs全体 世界で10人に1人は極度の貧困

全世界で極度の貧困状態で暮らす人は、１９９０年時点で19億人でした。その後、ＳＤＧｓが採択された２０１５年には、8億３６００万人まで減少しましたが、未だに日本の人口の7倍近い人々が食料を満足に得ることができない状況下に置かれています。

多くの人口を抱える中国やインドの急激な経済成長に伴って、世界の貧困人口は減少していますが、例えばアフリカ・サハラ砂漠以南の地域は、貧困の削減が大幅に遅れているなど地域差があります。

2003年以降上昇していた子どもの貧困率が
直近の調査で改善しているが、
依然として、**13.9%**にのぼる。

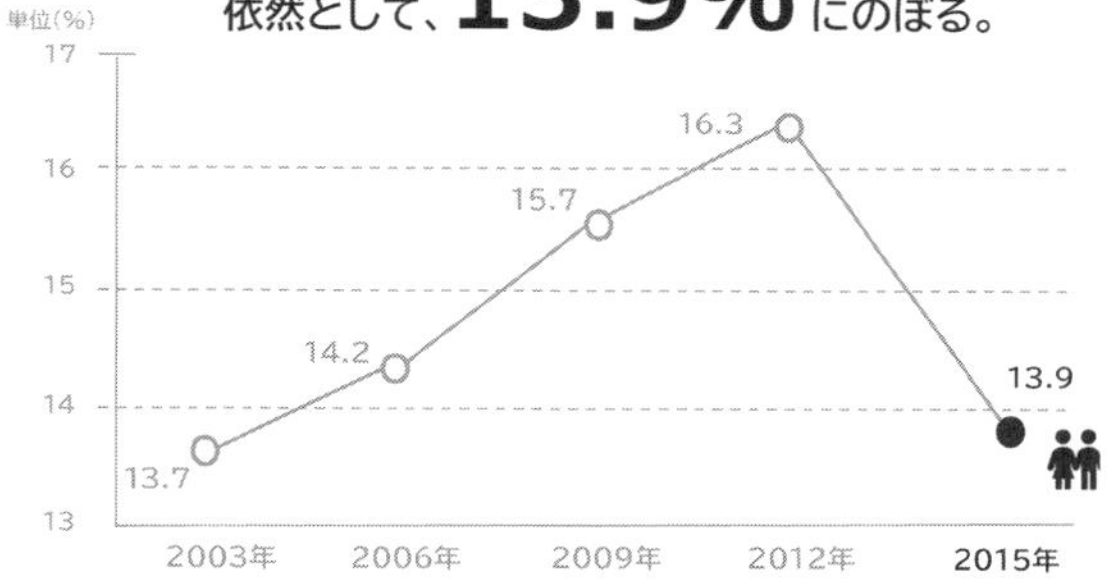

自治体　見えづらい子どもの貧困問題

国内で発生している貧困の中でも、特に子どもの貧困は見えづらいという特徴があります。子どもは、自分と他者を比較するのが難しく、自分が貧困状態に置かれているという自覚がない場合がほとんどです。

厚生労働省によると、2012年から改善傾向にあるものの、2015年時点で、13・9%の子どもたちが、依然として貧困状態に置かれています。独自調査を行う自治体もあり、この事実は自治体が直面している喫緊の課題と言えるでしょう。

POINT

▼世界では、10人に1人が極度の貧困に苦しんでいる

▼国内における子どもの貧困率は、13・9%（2015年時点）

飢餓をゼロに

日本の食品ロスは年間612万トンもあるのに、
世界で **9人に1人** は、
十分な食料を得ることができない。

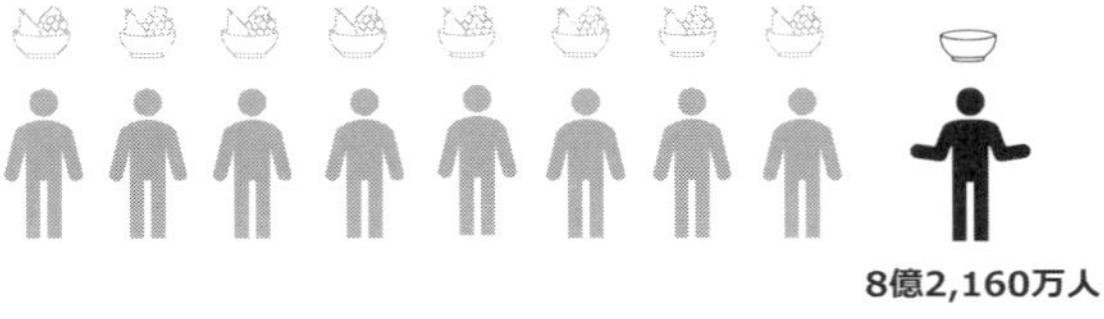

SDGs全体

世界で9人に1人は飢餓状態

国連によると、世界では、８億２１６０万人（２０１８年時点）が栄養不良に陥っていると推定されており、世界の９人に１人に及びます。しかし、世界では年間で約26億トンの穀物が生産されていて、現在の世界人口を考えれば十分な量と言われています。

一方、先進国である日本では、食べられるのに捨てられてしまう食品の量が、実に年間６１２万トンに達すると指摘されているなど、国によって食料が偏在していることがうかがえます。

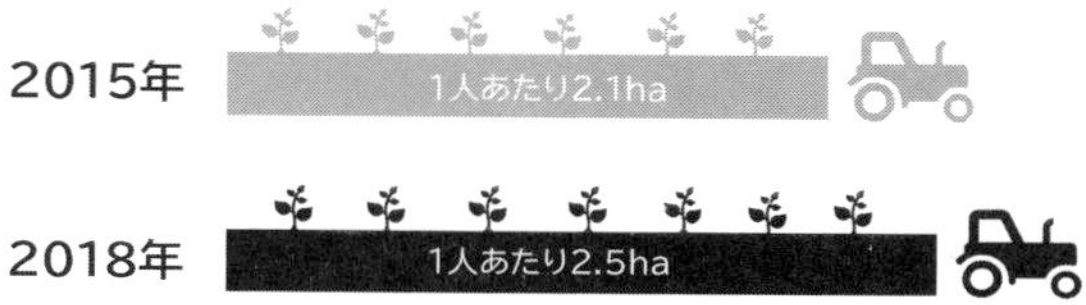

国内の農業就業人口は減少している一方、
1人あたりの耕地面積は3年間で

0.4ha 増加している。

自治体

農家の経営耕地面積は年々増加

１９９５年に４１４万人だった日本の農業就業人口は、その後も２０１８年に１７５万人と、大きく減少しています。一方で「自治体ＳＤＧｓローカル指標」で設定された指標「農業従事者１人当たりの経営耕地面積」で見ると、その面積は年々増加しています。

こうした状況を反映して、新たな局面を迎える農業への、ドローンやＩＣＴの活用など自治体による支援策にも変化が見られます。

POINT

▼世界では9人に1人が栄養不良

▼国内では、ドローンやＩＣＴの活用など自治体による支援策にも変化の兆し

3 すべての人に健康と福祉を

すべての人に健康と福祉を

サハラ以南のアフリカにおける
5歳児未満の死亡率は、
欧州の **15倍** も高く、
13人に1人が亡くなっている

ＳＤＧｓ全体 ５歳未満の死亡率にも地域差

ユニセフ等の報告によると、２０１８年にアフリカ・サハラ砂漠以南の地域では、１３人に１人の子どもが５歳未満で死亡しています。また、世界中で５３０万人の子どもたちが５歳未満で死亡しており、さらにその約半数が生後１カ月以内に死亡しています。

こうした現状を改善するため、ＳＤＧｓでは、５歳以下死亡率を少なくとも出生１０００件中25件以下に減らすことなどがターゲットとして掲げられています。

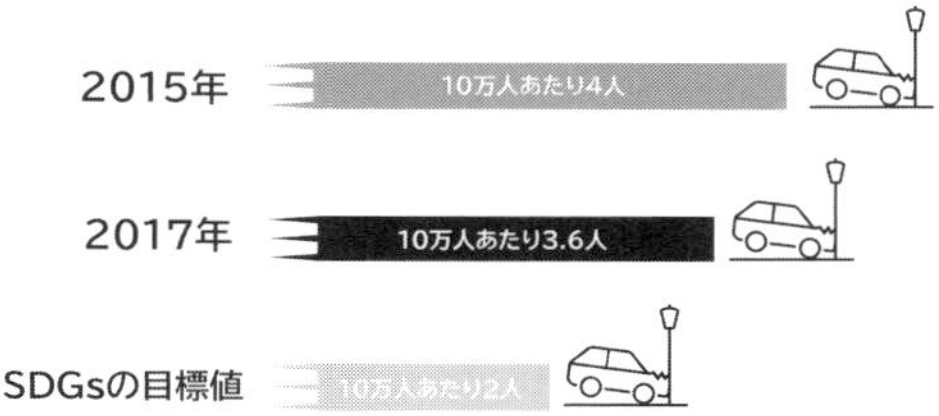

2017年の道路交通事故による死亡者は、
10万人あたり3.6人で、
2015年から0.4人減少も半減には遠く

自治体　交通事故の死亡者数の半減には遠く

自治体においては、交通安全教育の実施や、自転車専用レーンの整備などの事務事業がある道路交通事故への対策もSDGsに含まれます。

ターゲット3・6では、「2020年までに、世界の道路交通事故による死傷者を半減させる」と設定され、その進捗を測る指標には「道路交通事故による死亡率（3・6・1）」が設定されていますが、2017年時点のデータでは、半減には至っていません。

POINT

▼世界中で530万人の子どもたちが5歳未満で死亡

▼「道路交通事故による死亡者数の半減」もSDGsの目標

世界では
6歳から17歳の子どもの
5人に1人は、
学校に通うことができていない。

4 質の高い教育をみんなに

質の高い教育をみんなに

SDGs全体

教育を「当たり前」に受けられるように

国連の報告によると、ゴール４に対する日本の評価は高い水準にあります。

一方で、国連の「ＳＤＧｓ報告２０１９」によると、世界では６歳から17歳の子どものうち、５人に１人が学校に通うことができていないと発表されています。

教育は貧困から抜け出す重要な手段ですが、自然災害や紛争が原因で学校が破壊されてしまうことや、児童労働などが原因で、教育を受ける機会を得られない子どもたちが、世界には依然として大勢います。

国内の小中学校における
2018年度の不登校児童・生徒は、
小学校が、**7人**
中学校が、**36.5人**
（いずれも1000人あたり）
その数は、年々増加している。

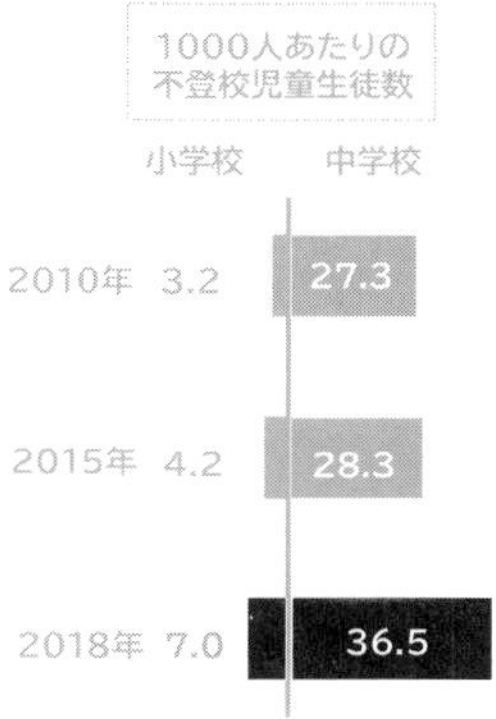

自治体　不登校の子どもも「取り残さない」工夫を

ＳＤＧｓのターゲット４・１は「２０３０年までに、全ての子供が男女の区別なく、適切かつ効果的な学習成果をもたらす、無償かつ公正で質の高い初等教育及び中等教育を修了できるようにする」と設定されています。この点について日本は義務教育の環境が十分整備されています。

一方で、国内の小中学校での不登校児童・生徒数は年々増加しており、２０１８年度には、中学校で１０００人あたり36・５人に及ぶなど、早急な対応が求められます。

POINT

- ▼世界では５歳から17歳の子どもの５人に１人が学校に通えていない
- ▼国内の小中学校での不登校児童・生徒数は年々増加している

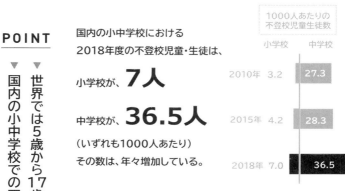

5 ジェンダー平等を実現しよう

ジェンダー平等を実現しよう

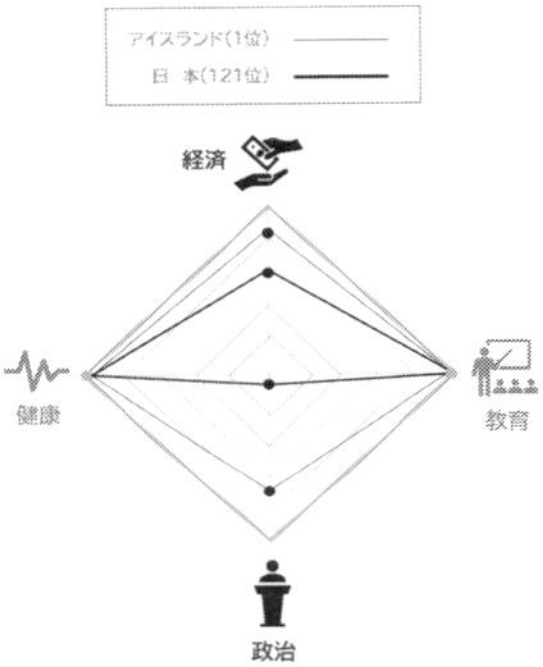

女性活躍推進が掲げられるが、
男女格差を測る
ジェンダー・ギャップ指数で、
日本は世界153カ国中

121位

特に政治と経済の分野での
男女格差が大きい。

SDGs全体　ジェンダー平等の実現は課題

２０１９年に世界経済フォーラムが発表した報告書によると、各国における男女格差を測る「ジェンダーギャップ指数」で、日本は１５３カ国中１２１位と、下位に位置しています。

２０１９年12月に改定された「ＳＤＧｓ実施指針」でも、このジェンダーの問題が優先課題に追加されたように、日本が重点を置いて取り組まなければならないゴールのひとつと言えるでしょう。

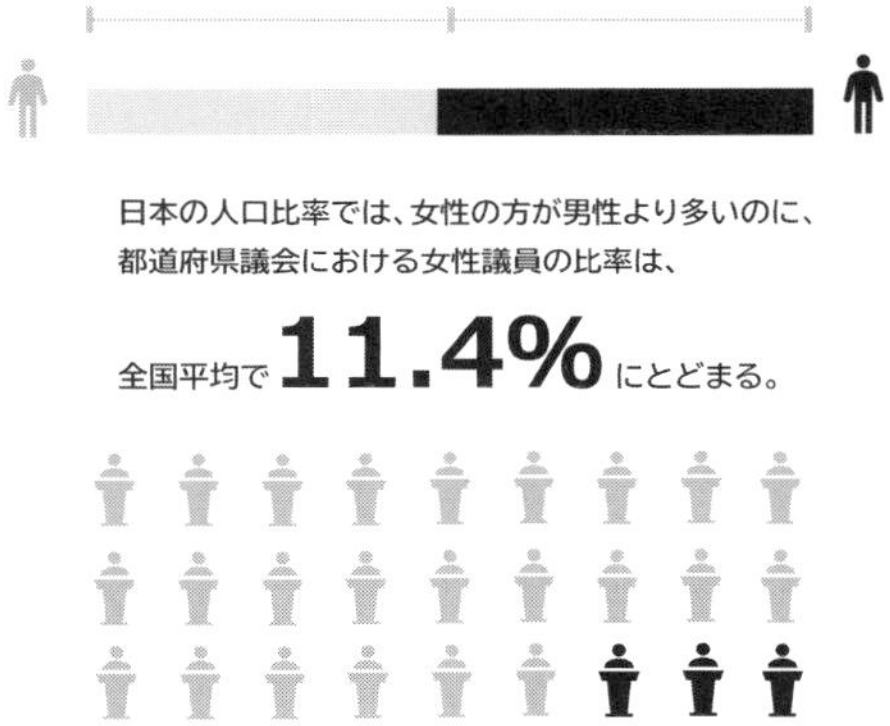
日本の人口比率では、女性の方が男性より多いのに、
都道府県議会における女性議員の比率は、
全国平均で11.4%にとどまる。

自治体　女性が政治参画しやすい環境へ

日本では、何らかの意思決定が行われる際、規模に関わらず女性が関与する機会が圧倒的に少ないと言えます。自治体も例外ではなく、都道府県知事47人のうち、女性の知事は2人しかいません。また、都道府県議会における女性議員の比率は全国平均で11・4％（2668人中303人）に留まります（2019年12月31日現在）。驚くことに、1741ある全国の市区町村議会のうち311議会は女性議員がひとりも選出されていません。

POINT

▼各国における男女格差を測る指標で、日本は153カ国中121位

▼国内では、女性が政治参画しやすい環境整備が喫緊の課題

6 安全な水とトイレを世界中に

安全な水とトイレを世界中に

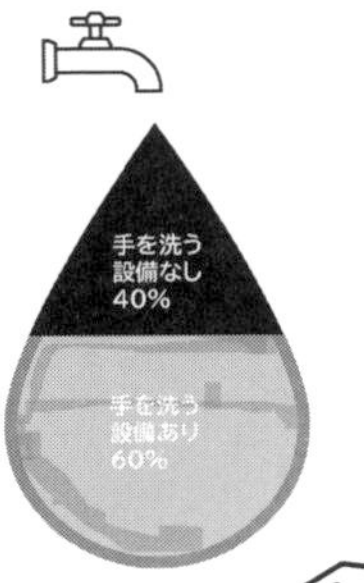

感染症の予防に手洗いが有効だとしても、

世界で **約30億人** は、

水と石けんで手を洗う設備が自宅にない。

SDGs全体 自宅で石けんで手を洗えない

新型コロナウイルスの感染拡大を受けて、感染症を防ぐための予防策として、手洗いの重要性に注目が集まりました。

しかし、国連児童基金（ユニセフ）によると、世界の人口の4割に及ぶ約30億人が、水と石けんで手を洗う設備が自宅にないと推定されています。また、自宅に限らず、世界の学校の3分の1以上で、子どもが手を洗うための施設が整備されていないと言われています。

災害が起きた際に安全な水は欠かせないが、
基幹的な水道管のうち、耐震性のある管路の割合は、
全国平均で **40.3%** にとどまる。

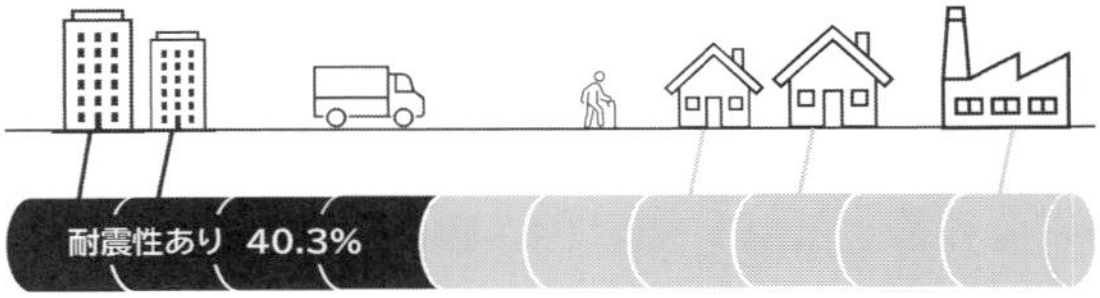

自治体　水道は、「当たり前」のインフラか

蛇口をひねれば水が出る——そんな光景が日本では当たり前ですが、将来にわたって当たり前でしょうか。

主に市町村が経営する国内の水道事業の現場では、人口減少や節水技術の向上などによって料金収入は減少しています。一方で、老朽化した水道管の入れ替えや補修は必要不可欠です。また、基幹的な水道管のうち、耐震性のある管路の割合は、全国平均で4割にとどまっているなど様々な課題も指摘されているのです。

POINT

▼世界で4割の人は、水と石けんで手を洗う設備が自宅にない

▼国内の水道事業も、老朽化した水道管の補修などの課題を抱えている

7 エネルギーをみんなに そしてクリーンに

エネルギーをみんなに そしてクリーンに

SDGs全体

すべての人が電気を使えるように

世界で約8・4億人が電気のない生活を送っています。

インフラが整わない地域では、医療や教育にも影響があることから、安価で近代的なエネルギーへのアクセスを確保することをSDGsは目標に掲げています。

一方で、地球温暖化の要因となる温室効果ガスの排出量を削減するために、石油や石炭といった有限な資源である化石エネルギーから、太陽光や風力などの持続可能な再生可能エネルギーへの転換が求められます。

再生可能エネルギーへの転換が
求められる一方で、
世界では、
約8.4億人が
電気を利用することができない。

自治体

拡大を求められる再生可能エネルギー比率

自治体においても、なかには省エネ技術や再生可能エネルギーを活用した「ゼロエネルギービル」（ZEB）を採用した庁舎を建設する自治体もあります。

２０１４年度に環境省が行った調査によると、すでに地域エネルギー政策に取り組み始めている自治体は全国で約27％（２６４団体）に達しており、今後の拡大が期待されます。

2014年度の環境省による調査によると、

全国で約**27%**の自治体は、

既に地域エネルギー政策に取組み始めている。

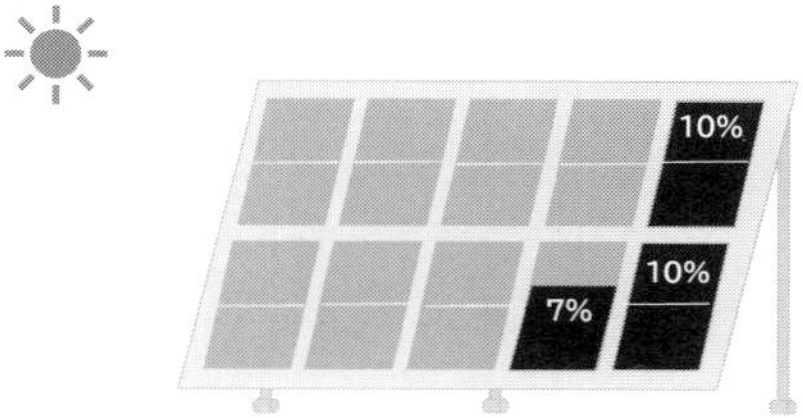

POINT

- 世界では、約８・４億人が電気のない生活を送っている
- すでに地域エネルギー政策に取り組み始めている自治体は全国で約27％

8 働きがいも 経済成長も

働きがいも 経済成長も

SDGs全体

1億5千万人以上が児童労働に従事

約1億5,200万人（2016年時点）

世界では、子ども（5歳～17歳）の

10人に1人が

児童労働に従事している。

国際労働機関（ILO）によると、世界で5歳～17歳の子ども約1億5200万人が児童労働に従事している（2016年時点）と指摘されています。私たちが着ている服も、もしかすると児童労働によって製造されているかもしれません。商品が私たちの手元に届くまでの段階で劣悪な環境下に置かれている人がいるならば、購入する商品の選び方が変わるのではないでしょうか。

市町村の機関における障がい者の
法定雇用率（2019年時点）は2.5%だが、
同年の実雇用率は、**2.41%**

※注）2018年4月の改定前は、2.3%

自治体　障がい者も働きやすい自治体へ

SDGsのターゲット8・5では、障がい者の雇用について言及されていますが、そもそも、国内では障害者雇用促進法によって、常時雇用する従業員の一定割合以上の障がい者を雇うことを義務付けています。その法定雇用率は、2019年時点で、国と自治体は2・5%に設定されています。

2019年6月1日現在、市町村は2・41%と法定雇用率に達しておらず、障がいを抱える人が安心して働くことができる環境整備が求められます。

POINT

▼世界で約1億5200万人が児童労働に従事していると推定される

▼2019年現在の市町村の障害者雇用率は2・41%と法定雇用率に満たない

9 産業と技術革新の基盤をつくろう

産業と技術革新の基盤をつくろう

SDGs全体

誰もが使用できるインターネット環境へ

2019年末の時点で、

世界の人口の**53.6%**が

インターネットを使用している。

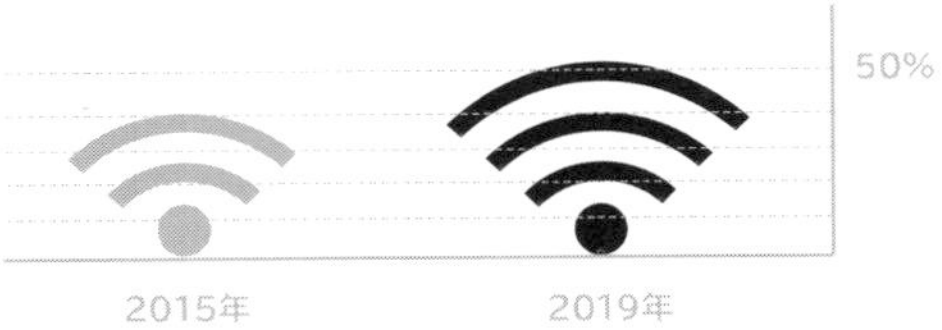

国際電気通信連合（ITU）は、2019年末の時点で、世界の人口の53・6％、およそ41億人がインターネットを使用していると推定しています。

裏を返せば、世界で半数近くの人々は依然としてインターネットにアクセスできず、デジタルデバイド（情報格差）が問題となっています。こうした問題に直面している開発途上国での情報インフラの整備には、先進国の支援も不可欠です。

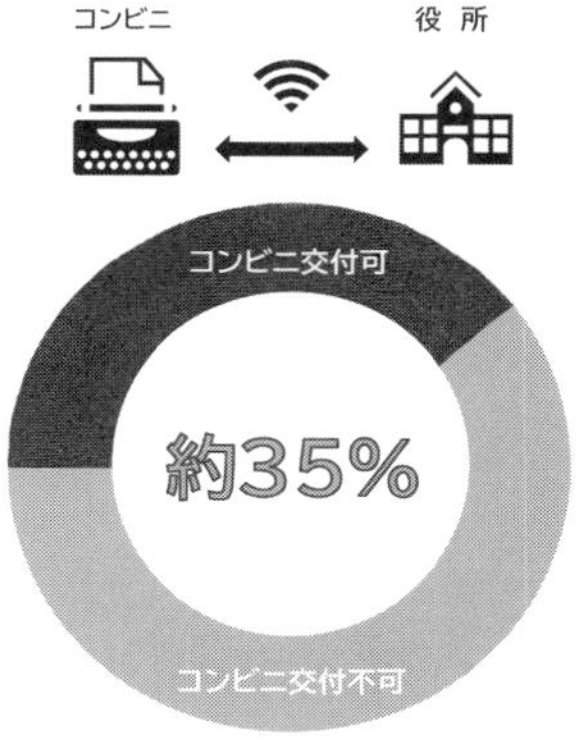

2019年4月1日時点で、
各種証明書のコンビニ交付を
実施している市区町村数は、
617である。

自治体「住民が足を運ばない役所」への転換

　これまで自治体は「来庁する住民への対応」を念頭に、接遇の改善やバリアフリー庁舎の整備等に取り組んできました。しかし、発想を転換して「住民が来庁しなくても良い市役所」を念頭に考えると、様々な打ち手が検討できます。

　実際に、マイナンバーカード等を使ったコンビニでの証明書等の交付は定着しつつあり、６１７市区町村（２０１９年４月１日時点）で実施されていますが、こうした動きが今後も加速することが予想されます。

POINT

▼世界の人口の53・6％（41億人）がインターネットを使用している
▼ICT等を用いて、住民が役所に足を運ばなくても良い方法を考える

10 人や国の不平等をなくそう

人や国の不平等をなくそう

世界で最も裕福な**26人**が
世界で最も所得が少ない層の38億人と
同等の資産を保有している。

SDGs全体 世界の経済的不平等は大きい

2019年1月、国際NGO「オックスファム・インターナショナル」は、世界で最も裕福な26人が、最も所得が少ない層の38億人と同等の資産を保有していると発表しました。貧困や飢餓に苦しむ人々と裕福な人々との格差は非常に大きいと言えるでしょう。

そのほかにも、育児や介護、家事労働が正当に評価されないことなど、私たちの身の回りにも不平等な状況に置かれた人がいるかもしれないのです。

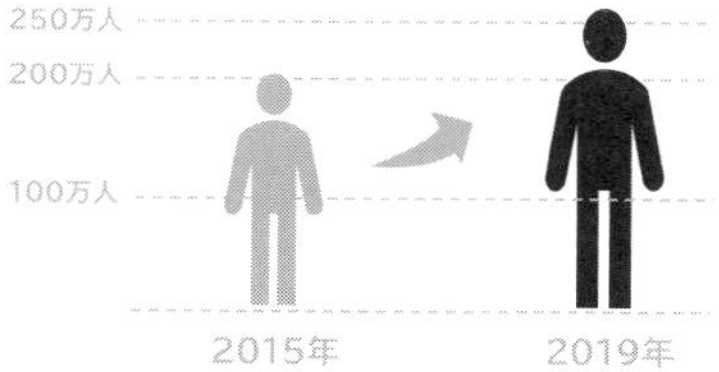

日本の総人口は2008年をピークに
減少しているが、
日本で暮らす外国人住民は
266万人を超え、増加傾向。

自治体　増え続ける外国人住民への対応

日本における外国人住民は2015年時点の206万人から、2019年には260万人を超えるなど、急速に増えています。住民登録、保育園の入所といった様々な理由で市役所の窓口に訪れる住民の中には、日本語が得意でない外国人もいます。言語等に関係なく、住民が必要な情報を正確に伝えるといった対応が行政に求められています。

POINT

▼世界で最も裕福な26人の資産は、最も所得が少ない38億人分の資産と同等

▼増え続ける外国人住民に対しても、不平等のない対応が行政には求められる

11 住み続けられるまちづくりを

住み続けられるまちづくりを

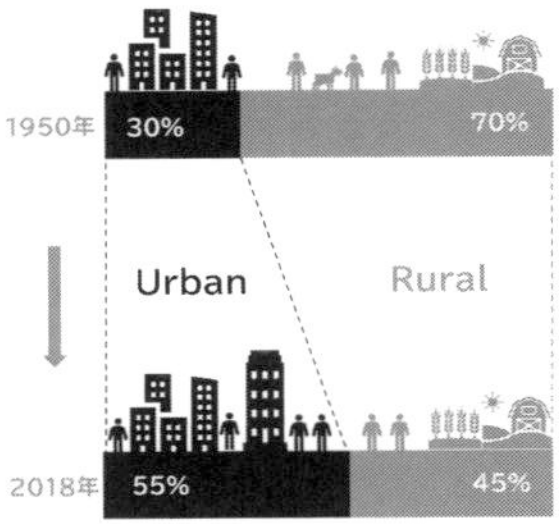

1950年時点で、
都市部で暮らす人の割合は
世界人口の30%だったが、
現在は、**55%**が
都市部に暮らしている。

SDGs全体 急激に進む世界の都市化

国連によると、世界人口の55%（2018年）が都市で暮らしています。1950年には、世界人口の30%が都市で暮らしていましたが、SDGsの達成期限である2030年には60%に達すると予測されています。

一方で、インフラの整備やスラム形成への対応など、都市化に伴って求められる課題も今後ますます複雑化するでしょう。

自治体　災害への対応も自治体の重要な役割

自治体の防災について、SDGsのグローバル指標では「国家防災戦略に沿った地方レベルの防災戦略を採択し実行している地方政府の割合（11・b・2）」が設定されており、これに対し、日本政府は災害対策基本法第40条及び第42条に基づく「地域防災計画」を策定している地方政府の割合を報告に用いています。その割合は2015年時点で100%に達しています。今後は、この割合を維持しながらのアップデートが求められます。

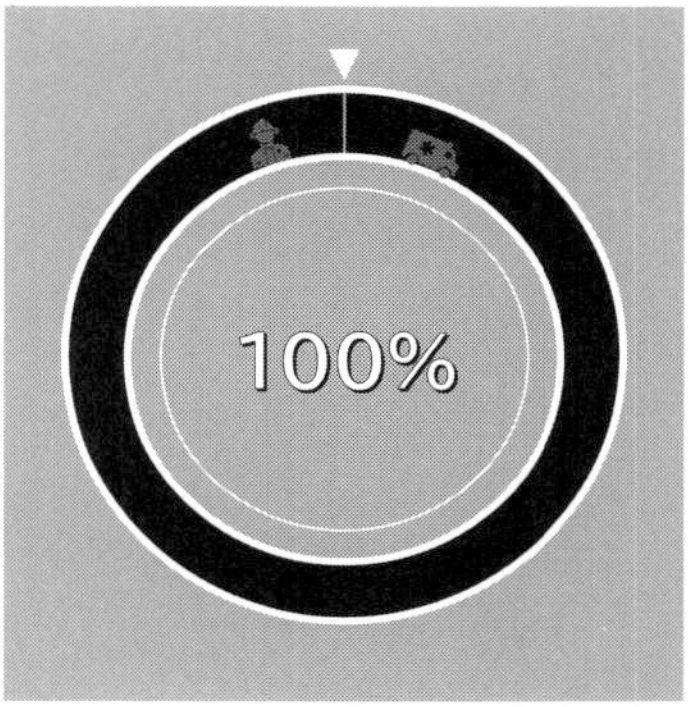

2015年時点で、「地域防災計画」を策定している自治体の割合は、

100%

POINT

- ▼世界では急激な都市化が進んでおり、世界人口の半分以上が都市で暮らす
- ▼「地域防災計画」を策定している自治体は100%に達する

12 つくる責任 つかう責任

つくる責任 つかう責任

SDGs全体 求められる食品ロスの削減

日本で発生する「食品ロス」の量は、

612万トン（年間）

これは、世界の食糧援助量の

1.6倍に相当する。

まだ食べられるのに捨てられる「食品ロス」の量が、日本では年間６１２万トンに達する（２０１７年度）と環境省が発表しています。消費者庁によると、この数字は、世界中で飢餓状態に置かれた人々に対する世界の食糧援助量の１・６倍に相当する膨大な量です。

食中毒への適切な対策を講じた上で、飲食店で食べ残した料理を持ち帰る「ドギーバッグ」などの方策を活用することも必要なのではないでしょうか。

1人1日当たりのごみの排出量は年々減少しているが、

2018年度は**918g**が排出されている。

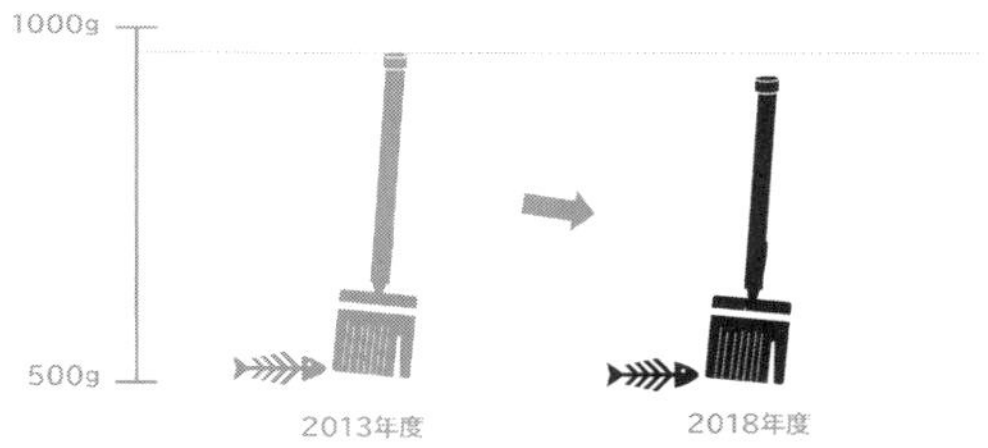

自治体　ごみの発生自体を減らす

国民1人1日当たりのごみの排出量は、2013年度には958gでしたが、2018年度には918gと年々減少しています。

資源を再利用する「リサイクル」も非常に重要ですが、回収した資源を再利用する過程で、エネルギーを消費してしまいます。そのため、商品の過剰包装など不要なものは断る「リフューズ」のような対応も消費者に求められます。

POINT

▼「食品ロス」の量が、日本では年間612万トンに達し、その削減が課題

▼一般家庭から発生する1人1日当たりのごみの排出量は、年々減少している

13 気候変動に具体的な対策を

気候変動に具体的な対策を

SDGs全体 気候変動はグローバルな課題

気候変動の原因とされる温室効果ガスについて、
日本は世界で**5番目**に排出量が多い(2017年)。

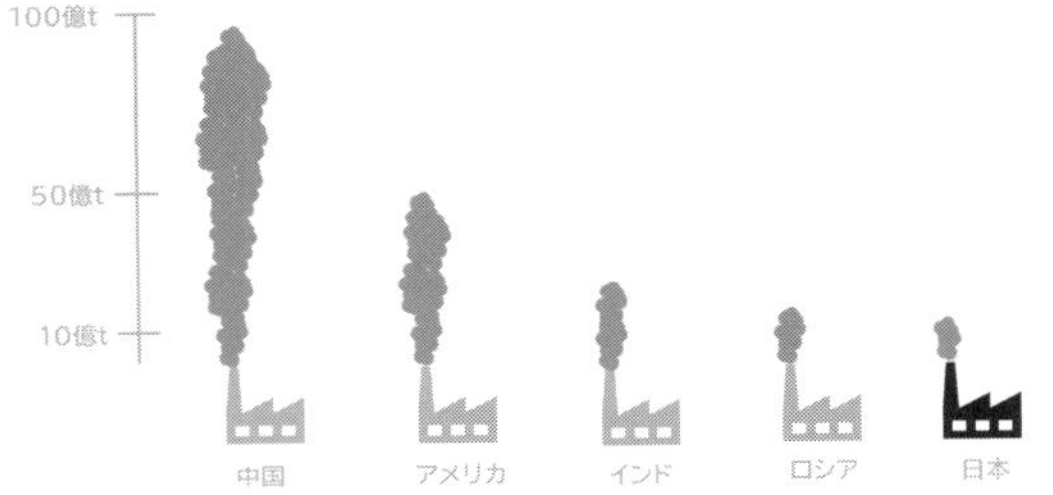

地球温暖化との関連が疑われる自然災害が、数多く発生しています。国連によると、１９９８年から２０１７年の20年間で、１３０万人が気候・地球物理関連の災害で亡くなったと推定されています。

こうした気候変動の原因とされる温室効果ガスの排出量について、日本は国別で世界ワースト5位（２０１７年）に位置しており、この結果は決して他人ごとではありません。

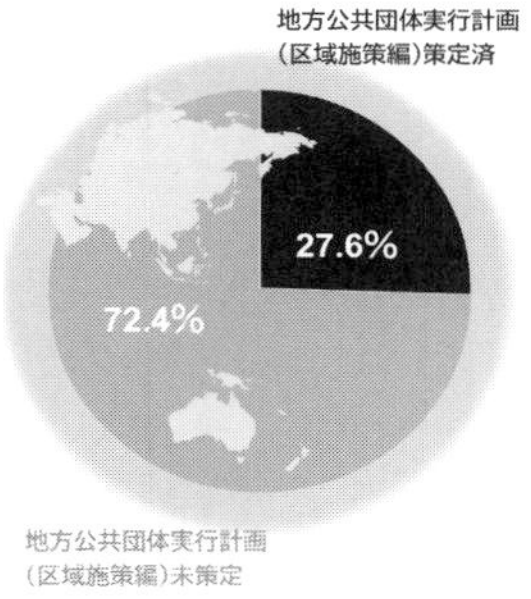

2017年10月1日時点で、
地球温暖化対策に係る
地方公共団体実行計画
（区域施策編）を
策定している自治体は、
27.6%に
とどまっている。

自治体　自治体の地球温暖化対策にも温度差

都道府県、指定都市、中核市は、地球温暖化対策推進法に基づき、その区域の状況に応じた温室効果ガスの排出抑制などを行う地方公共団体実行計画（区域施策編）の策定が義務付けられています。

その他の市町村と特別区も、策定に努めることとされていますが、その策定状況は、494団体が策定を終えているものの、全体の27・6%にとどまっており、取り組みにも温度差がありそうです（2017年10月1日時点）。

POINT

- ▼温室効果ガスの排出量について、日本は世界ワースト5位（2017年）
- ▼自治体での具体的な地球温暖化対策が求められる

2050年までに、世界で海洋中に存在する

プラスチックの量が魚の量を超過すると言われている。

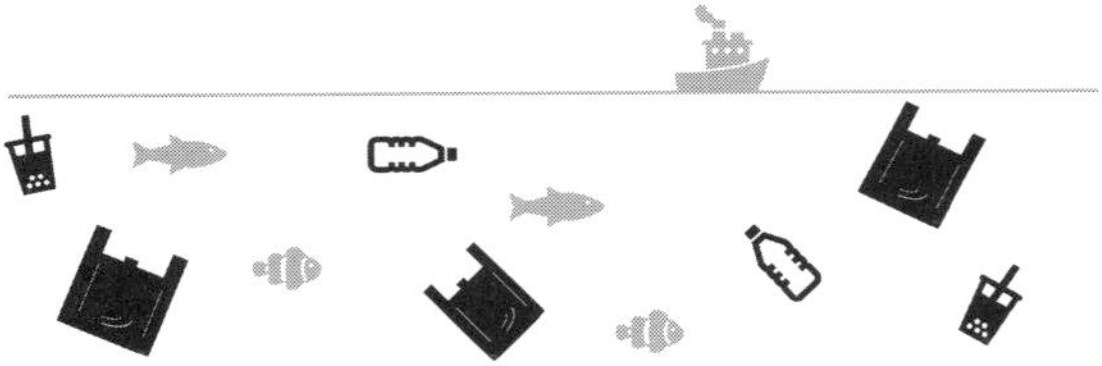

14 海の豊かさを守ろう

海の豊かさを守ろう

SDGs全体

注目される海洋プラスチック問題

ダボス会議で知られる世界経済フォーラムが、「2050年までに海洋中に存在するプラスチックの量が魚の量を超過する（重量ベース）」と発表するなど、海洋プラスチック問題への関心は世界中で高まっています。特に、プラスチック製レジ袋やペットボトルといった「使い捨てプラスチック」の削減は待ったなしの課題です。

2020年7月1日から、全国一律でプラスチック製買物袋の有料化が開始されるなど、日本国内でも、その動きが進んでいます。

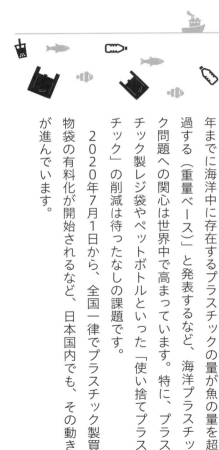

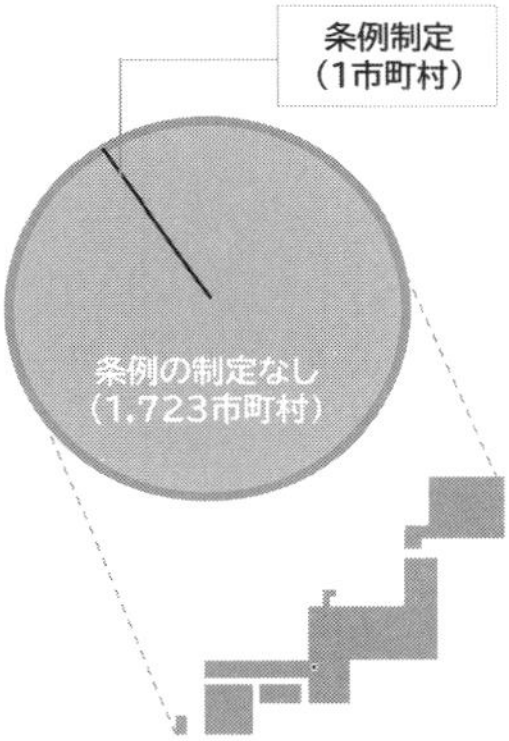

2020年5月時点で、
プラスチック製レジ袋を
禁止する条例を制定したのは、
全国1,724市町村の中で
1市町村のみである。

自治体 広がるプラごみゼロ宣言

２０１８年６月に神奈川県が「プラスチックごみゼロ宣言」を発表して以降、同様の宣言を行う自治体が全国に増加しています。鎌倉市や大阪府のような海に面した自治体だけではなく、プラスチック製レジ袋の禁止条例を議会で可決・成立させて注目を集める亀岡市（京都府）をはじめ、内陸部の自治体にも広がっています。

その背景には、プラスチックごみが、川を通じて海に流れ着いていると指摘されていることが挙げられます。

POINT

▼海洋中に存在するプラスチックの量が、魚の量を超えるとの指摘もある

▼国内でも高まる海洋プラごみへの注目は、内陸部の自治体も他人事ではない

15 陸の豊かさも守ろう

陸の豊かさも守ろう

森林は生物多様性の宝庫だが、
30年間で日本の国土面積の
約4.7倍の森林が失われている。

SDGs全体

森林の消失が著しい

国連によると、1990年からの30年間で失われた森林は、日本の国土面積の約4・7倍に達します。過剰な森林伐採や山火事によって森林が失われることで、絶滅の危機に瀕している生物も少なくありません。

日本でも、3716種（2020年現在）の野生生物が絶滅の危機に瀕しています。

絶滅のおそれのある野生生物の種をまとめた環境省のレッドリストには、ドジョウやメダカのように、人間の生活と関わり深い小川や水田で見られた生物も含まれてます。

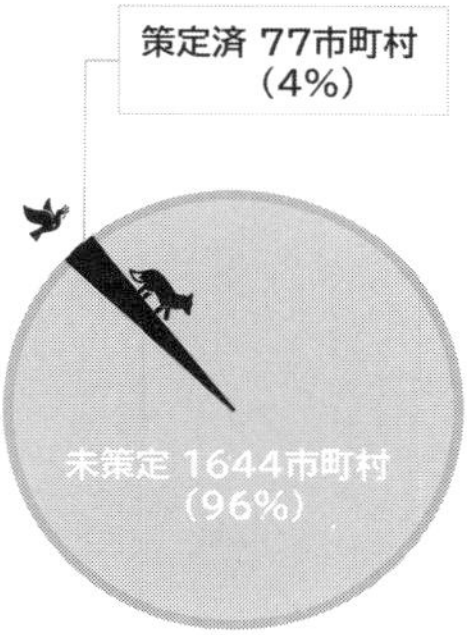

政令指定都市を除くと、
生物多様性地域戦略を
策定している市町村は、
わずか **4%** にとどまる。

自治体　生物多様性を保全する動き

生物多様性基本法に基づいて、自治体は地域特性に応じた「生物多様性地域戦略」を策定することを求められています。環境省によると、2019年3月末時点で43都道府県、18政令指定都市、77市区町村が生物多様性地域戦略を策定していますが、市区町村の策定数は1割に満たない状況です。

SDGsをきっかけに、生物多様性の豊かさを未来へ引き継ぐための戦略策定・活用を意識することが必要です。

POINT

▼30年間に世界で失われた森林の面積は、日本の国土面積の約4・7倍

▼外来種の影響で、国内の生物多様性にも影響が及んでいる

2018年に、紛争や迫害によって
移動を強いられた人は、

7,080万人

そのうち、難民は2590万人に及ぶ。

平和と公正をすべての人に

SDGs全体 紛争等で移動を強いられる人々

国連難民高等弁務官事務所によると、2018年に紛争や迫害によって移動を強いられた人は、7080万人。そのうち、難民は2590万人にのぼります。多くは戦争や迫害の被害者で、長期化する戦争は難民の増加の原因にもなります。こうした被害から逃れてきた人々に対する安全な水や食料、そして住居の確保などは欠かせません。

つまり、SDGsのゴールで示された様々な目標が、1日も早くまとめて達成される必要のある状況に置かれています。

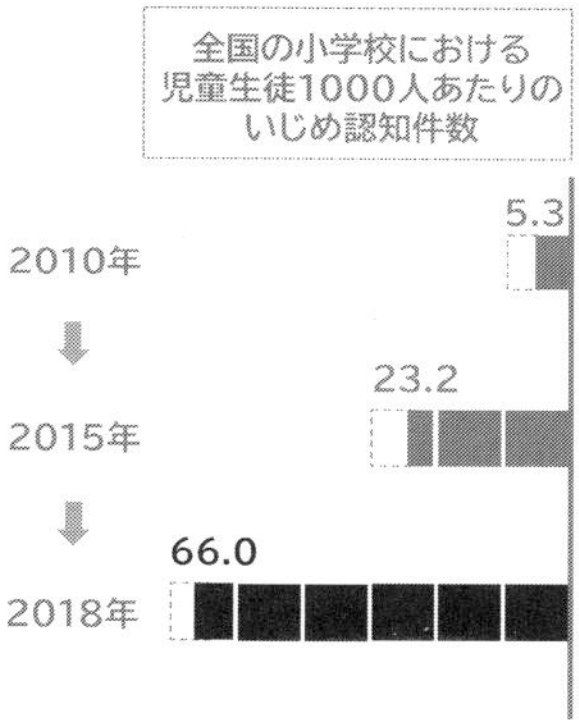

国内の小学校における
いじめの認知件数は、
千人あたり **66件**
2015年と比較して
急速に増加している。

自治体　オンライン上でのいじめの解消も課題

学校等における「いじめ」は、SDGsのターゲット16・2「子供に対する虐待、搾取、取引及びあらゆる形態の暴力及び拷問を撲滅する」に関する問題の一部です。

全国の小学校における児童生徒1000人あたりのいじめ認知件数は、2010年時点で1000人あたり5・3件でしたが、2015年時点で、23・2件、そして2018年時点では66件と急速に増加しています。

POINT

▼2018年には紛争や迫害で世界の7080万人が移動を強いられている

▼学校やインターネット上でのいじめの解決も必要とされる

17 パートナーシップで目標を達成しよう

パートナーシップで目標を達成しよう

ＳＤＧｓ全体 求められるＯＤＡの負担増

ＳＤＧｓ達成に向けた課題のひとつに開発途上国における資金不足が指摘されており、政府開発援助（ＯＤＡ）の増額も必要です。ＯＥＣＤの開発援助委員会（ＤＡＣ）に加盟する29カ国中、２０１８年のＯＤＡ実績の国民１人当たりの負担額で、日本は18位に位置しており、１１２米ドルを負担しています。しかし、最も多いノルウェーの７９８・８米ドルとは大きな開きがあります。

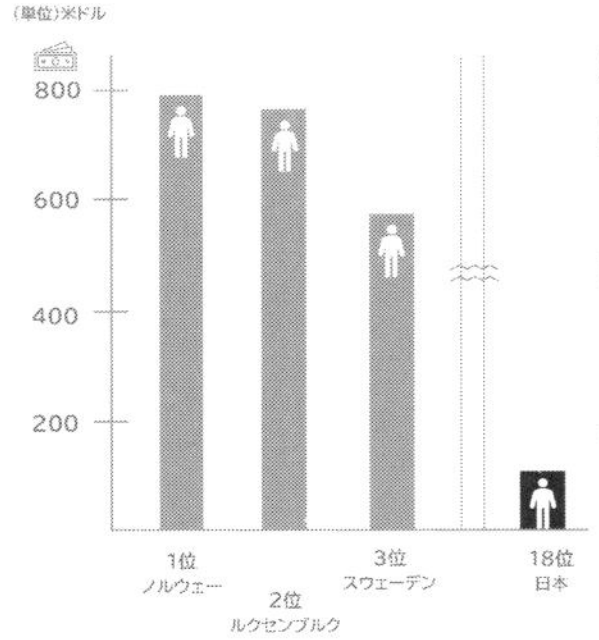

政府開発援助実績の
国民1人当たりの負担額で、
日本は**18位**
その金額は**112**米ドル
（※2018年実績）

注）数値は単純平均であり、特別区、及び一部事務組合及び広域連合を含まない。

自治体　改善傾向にある市町村の財政力指数

自治体の財政力指数は、その値が高いほど、普通交付税算定上の留保財源が大きく、財源に余裕があると言えます。

市町村の財政力指数の全国平均は、2010年度に0・53でしたが、2012年度には0・49に落ち込み、2018年度は0・51まで回復して近年は改善傾向にあります。財政力指数が1・0を超える市町村は83自治体で、全体の4・8%にとどまります（2018年度）。

POINT

- ▼ODA実績の国民1人当たりの負担額で、日本は先進国の中で18位
- ▼市町村の財政力指数は改善傾向にある

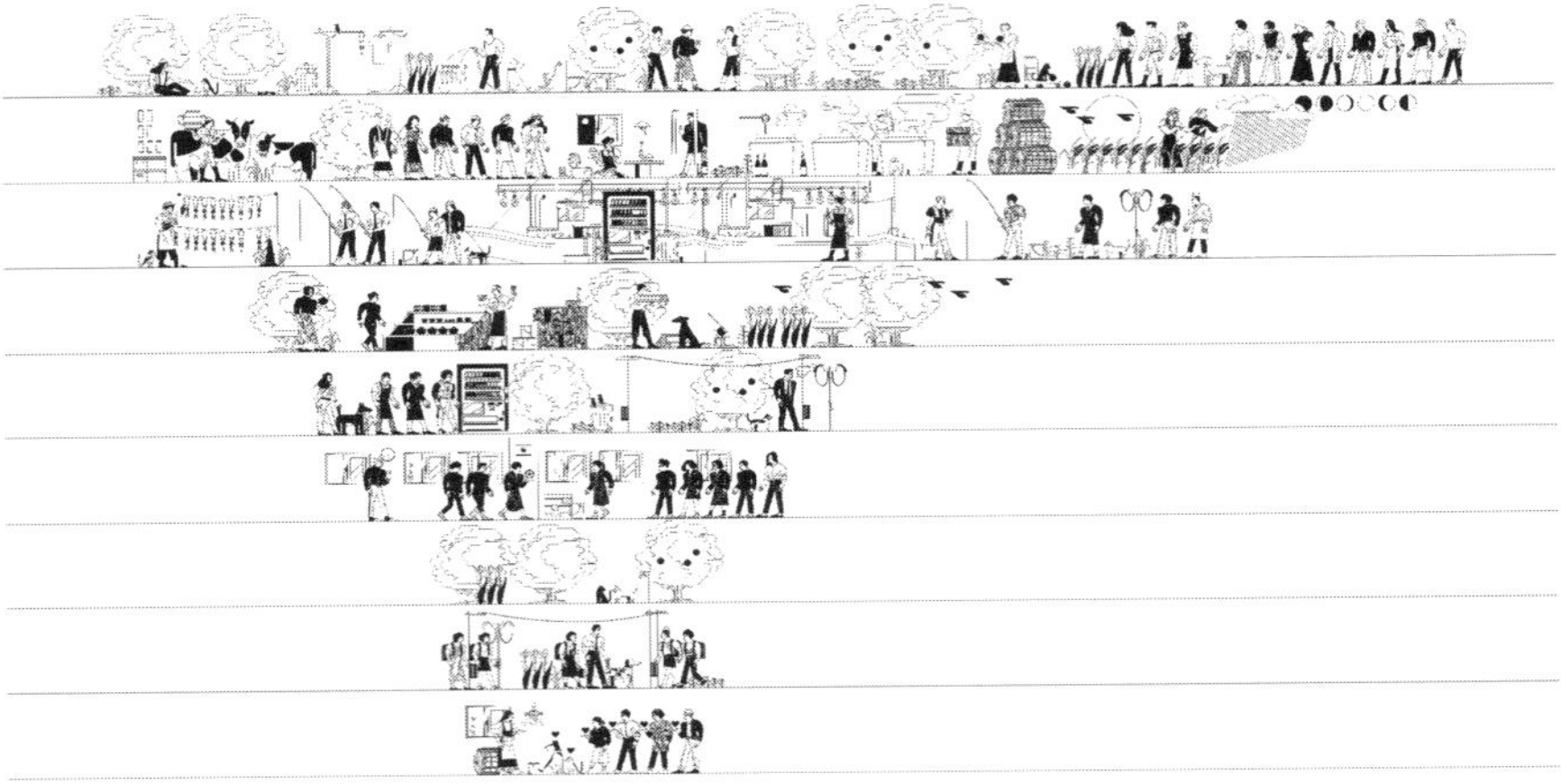

作品タイトル：くらすひとたち

グラフだけではわからない、人々の姿をアートに刻む

渡辺 菜緒　（わたなべ・なお）さん
金沢美術工芸大学 視覚デザイン専攻

　上記作品のタイトルは「くらすひとたち」。珠洲市の2040年の人口ピラミッドグラフをもとに作成されています。作品の中では、グラフの数字だけでは見えない「珠洲市で日々の生活を送る人々」の様子が、壁画風のタッチで刻まれています。

出典）chart project® for SDGs in ISHIKAWA ウェブサイト
https://www.chartproject.org/ishikawa（最終アクセス：2020.7.3）

Column 1

自治体の課題を美大生がアートで表現する

社会課題を表すデータのグラフ（チャート）の線を活かし、アート作品に生まれ変わらせるプラットフォームである「chart project®」が、SDGsに関連するグラフデータを活用し、SDGsが達成された未来をアート作品として表現するプロジェクト「chart project® for SDGs in ISHIKAWA」を2019年５月にスタートさせました。

SDGs未来都市に選定された石川県珠洲市を舞台に、このプロジェクトに参加した金沢美術工芸大学視覚デザイン専攻の学生３名が、同市の課題をアートで表現しています。本書では、３つの作品のうち、１つをご紹介します。

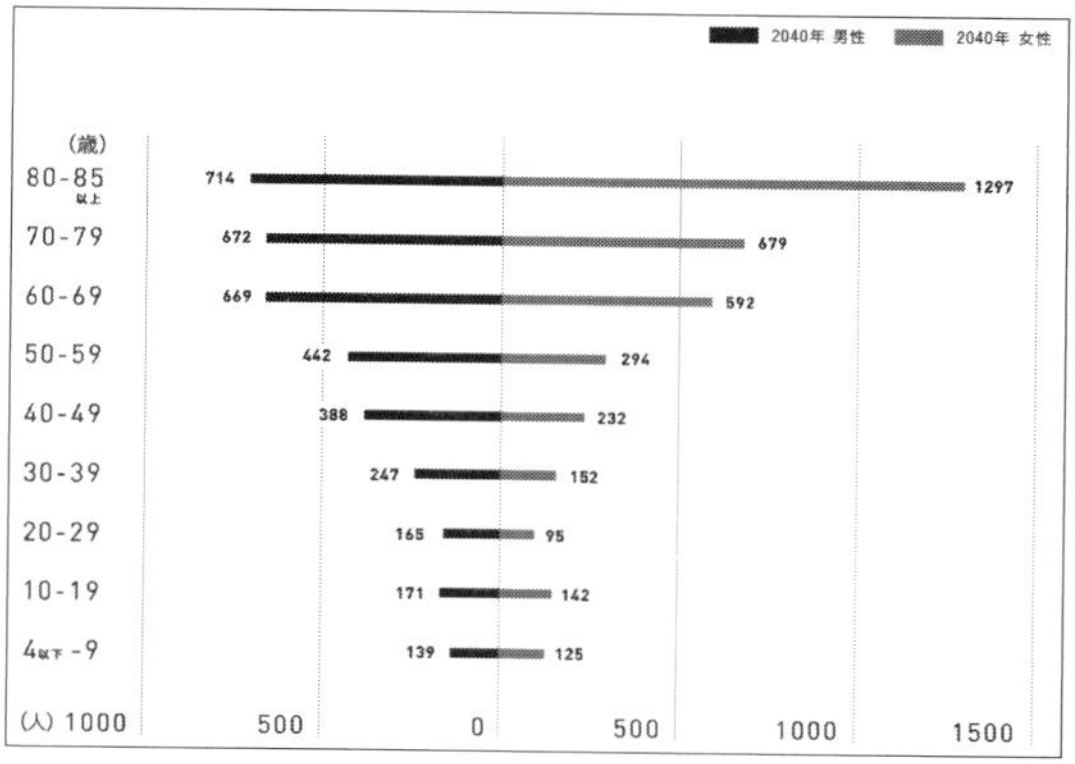

出典：国立社会保障・人口問題研究所の将来人口推計値（2019）、グラフ提供：珠洲市

珠洲市の2040年の人口

上のグラフは、2040年において、珠洲市の人口が、各世代別にどのような人口比率になっているのかを予測した人口ピラミッドグラフです。高齢者が増え若者が少ないことを示す、典型的な逆三角形の形を描いています。

第2章

SDGsってなに？

これだけは知っておきたい！

SDGsの基礎知識

それでは、SDGsの重要なポイントを、3つに絞ってご紹介しましょう。

世界が共通して取り組む目標

本書のテーマである「持続可能な開発目標（Sustainable Development Goals）（以下、SDGs《エスディージーズ》）」は、2015年9月にニューヨークの国連本部で開催された「国連持続可能な開発サミット」で採択された世界共通の目標です。

SDGsは、国連加盟国193カ国の全会一致で採択され、「誰一人取り残さない」持続可能で多様性と包摂性のある社会を目指しています。そのため、開発途上国や先進国といった区別なく、全ての国で協力して取り組むものです。

しかしながら、国や地域が異なれば、直面する課題も異なります。例えば、ゴール3「すべての人に健康と福祉を」に関係する「新生児死亡率（生後28日未満で死亡した乳児の割合）」で考えてみましょう。ユニセフによると、先進国である日本の新生児死亡率は、千人当たり0・9人と世界で最も低く「赤ちゃんが最も安全に生まれる国」と言えます。対照的に、開発途上国であるパキスタンは、新生児死亡率が千人当たり約46人と最も高く、日本の約51倍の人数の新生児が亡くなっています。

一方で、日本の自殺者率は世界でも高く、決してゴール3が達成されているとは言い切れません。このように、社会状況が異なれば、ゴール3の中でも、取り組む課題の優先順位は異なります。

達成期限は2030年

SDGsは、2016年から2030年までの15年間を対象期間としています。つまり、2030年には、「貧困がない（状態）」「飢餓がゼロ（の状態）」といった17のゴールで示された理想の姿を実現させなければなりません。

本書の発行時点で、SDGsの対象期間のうち、すでに3分の1近くが過ぎています。

しかし、朝日新聞社が東京・神奈川を対象に行った調査によると、ＳＤＧｓの認知度は未だ32・9％と発表されています（２０２０年３月時点）。もちろん、認知度は少しずつ上昇していますが、ＳＤＧｓは３割の国民だけで取り組んで達成できるような性質の目標ではなく、まだまだ道半ばと言えるでしょう。とはいえ、いつまでも認知度を高めるだけはゴールの達成に近づくことはできません。

自治体としても、ＳＤＧｓの認知度向上に向けた取り組みと並行しながら、残り10年での目標達成に向けた打ち手を検討し、実行する段階に移っていかなければならないのです。

「ゴール・ターゲット・指標」で構成

ＳＤＧｓと聞くと、そのカラフルなアイコン（図）を思い浮かべる人も多いのではないでしょうか。アイコンで示されているように、ＳＤＧｓは「貧困をなくそう（ゴール１）」や「飢餓をゼロに（ゴール２）」といった17のゴールが設定されています。

これらのゴールは、非常に抽象的な印象がありますが、より具体的に示した１６９のターゲットも設定されています。ターゲットには、目標年限や対象、そして実施手段などが示されており、どういったことに取り組めばＳＤＧｓのゴールを達成できるのか、ある程度

図）SDGsのアイコン

明確にイメージすることができます。

そして、ターゲットの進捗を測るために、232（重複を除く）の指標が設定されており、SDGsの達成への寄与の度合いを確認できます。

POINT

- ▼SDGsは、開発途上国から先進国まで、全ての国が取り組む共通の目標
- ▼SDGsの達成期限は2030年
- ▼SDGsは17のゴール、169のターゲット、232の指標で構成

SDGsが生まれるまで

持続可能な開発という考え方は、SDGsの採択より40年以上前、1970年代に端を発すると言われています。1972年、国連の歴史上初めて、地球環境問題をテーマとした「国連人間環境会議」が行われ、スイスの民間シンクタンク「ローマクラブ」は、100年以内に地球の成長は限界に達すると述べた報告「成長の限界」を発表し、世界中で地球環境問題に対する注目が集まりました。同じ頃、日本も戦後の急激な経済成長を続ける一方で、水俣病（熊本県）やイタイイタイ病（富山県）といった公害病に悩まされ、環境破壊による健康被害が発生しています。

その後、ノルウェー首相（当時）のブルントラント氏を委員長とした「環境と開発に関する世界委員会」は、1987年に「Our Common Future」と題する報告書を公表しました。その報告書の中心に据えられたのが「将来の世代の欲求を満たしつつ、現在の世代の欲求も満足させるような開発」を意味する「持続可能な開発」という概念です。

この概念は、環境と開発を互いに反するものと捉えるのではなく、共存し得るものとして捉え直し、環境保全を考慮した節度ある開発の重要性を説くものです。

1992年には、ブラジルのリオ・デ・ジャネイロで「環境と開発のための国連会議（地球サミット）」が開催され、環境の保全と持続可能な開発について議論されました。この会議では、環境分野での国際的な取り組みに関する行動計画である「アジェンダ21」が採択されています。各国政府のほかにも多くの国際機関やNGOが参加し、日系4世のカナダ人、セヴァン・スズキさん（当時12歳）は、集まった世界の指導者を前に「どうやって直すのかわからないものを、壊し続けるのはもうやめてください」と、地球環境保全の重要性を訴えました。

MDGsの登場――その成果と残された課題

2000年9月、ニューヨークの国連本部で開催された「国連ミレニアム・サミット」では「国連ミレニアム宣言」が採択され、この宣言をもとに、SDGsの前身となる「ミレニアム開発目標（Milennium Development Goals）（以下、MDGs）」がまとめられています。MDGsは、1日1ドル（その後、1日1・25ドルに改定）で暮らす「極度

目標1	極度の貧困と飢餓の撲滅	目標5	妊産婦の健康の改善
目標2	初等教育の完全普及の達成	目標6	HIV／エイズ、マラリア、その他の疾病の蔓延の防止
目標3	ジェンダー平等推進と女性の地位向上	目標7	環境の持続可能性確保
目標4	乳幼児死亡率の削減	目標8	開発のためのグローバルなパートナーシップの推進

表）MDGsの８つの目標

の貧困」状態に置かれている人々を削減することを命題とした、開発分野における国際社会共通の目標です。ＭＤＧｓでは、「目標４　乳幼児死亡率の削減」や「目標６　ＨＩＶ／エイズ、マラリア、その他の疾病の蔓延の防止」といった８つのゴールが設定されています。すべての国を対象としているＳＤＧｓとは違い、ＭＤＧｓは開発途上国を主な対象としていました。

ＭＤＧｓも、ＳＤＧｓと同様にゴール、ターゲット、指標から構成され、21のターゲットと60の指標が設定されていました。ＭＤＧｓの対象期間は２００１年から２０１５年までの15年間で、極度の貧困状態に置かれた人々を半減させるなど、一定の成果を挙げたと言われています。

一方で、２０１５年時点でサハラ砂漠以南に暮らす人々の41％が未だに極度の貧困状態に置かれているなど、課題も残されています。

SDGsの採択へ

こうして、経済成長による豊かさを求める「開発」と、自然環境保全を求める「環境」の文脈は、長らくの間、別々に議論されてきましたが、2012年に開催された「国連持続可能な開発会議（リオ+20）」において、経済成長と環境保全を両立させることを確認し、SDGsの採択に向かいます。リオ+20には、各国の首脳や閣僚といった政府関係者のほか、国際機関、企業及び市民社会から約3万人が参加して、成果文書「我々の求める未来」が採択され、SDGsにつながっています。

POINT

- SDGsの前身としてミレニアム開発目標（MDGs）が存在
- MDGsは8つのゴール、21のターゲット、60の指標で構成されていた
- 開発と環境の2つの文脈が合流し、SDGsが採択された

ＳＤＧｓをめぐる国際的な動向と取り組み

世界の達成度ランキング

ＳＤＧｓの達成度に関する日本の順位は、11位（２０１７年）、15位（２０１８・１９年）、17位（２０２０年）で推移しています。最新の２０２０年の報告で、日本はＧ７の中で、フランス（４位）、ドイツ（５位）、イギリス（13位）に続いて４番目に位置しており、アジアの中でも最高位に位置するなど、達成度が際立って低い訳ではありません。

ランキングの上位には、スウェーデンやデンマーク、フィンランドといった北欧諸国が名を連ねている一方で、世界の経済大国であるアメリカと中国がともに30位～40位代に位置するように、持続可能性の観点から見ると、経済中心の量的な発展から、環境と社会と共存する質的な発展が求められていることがわかります。

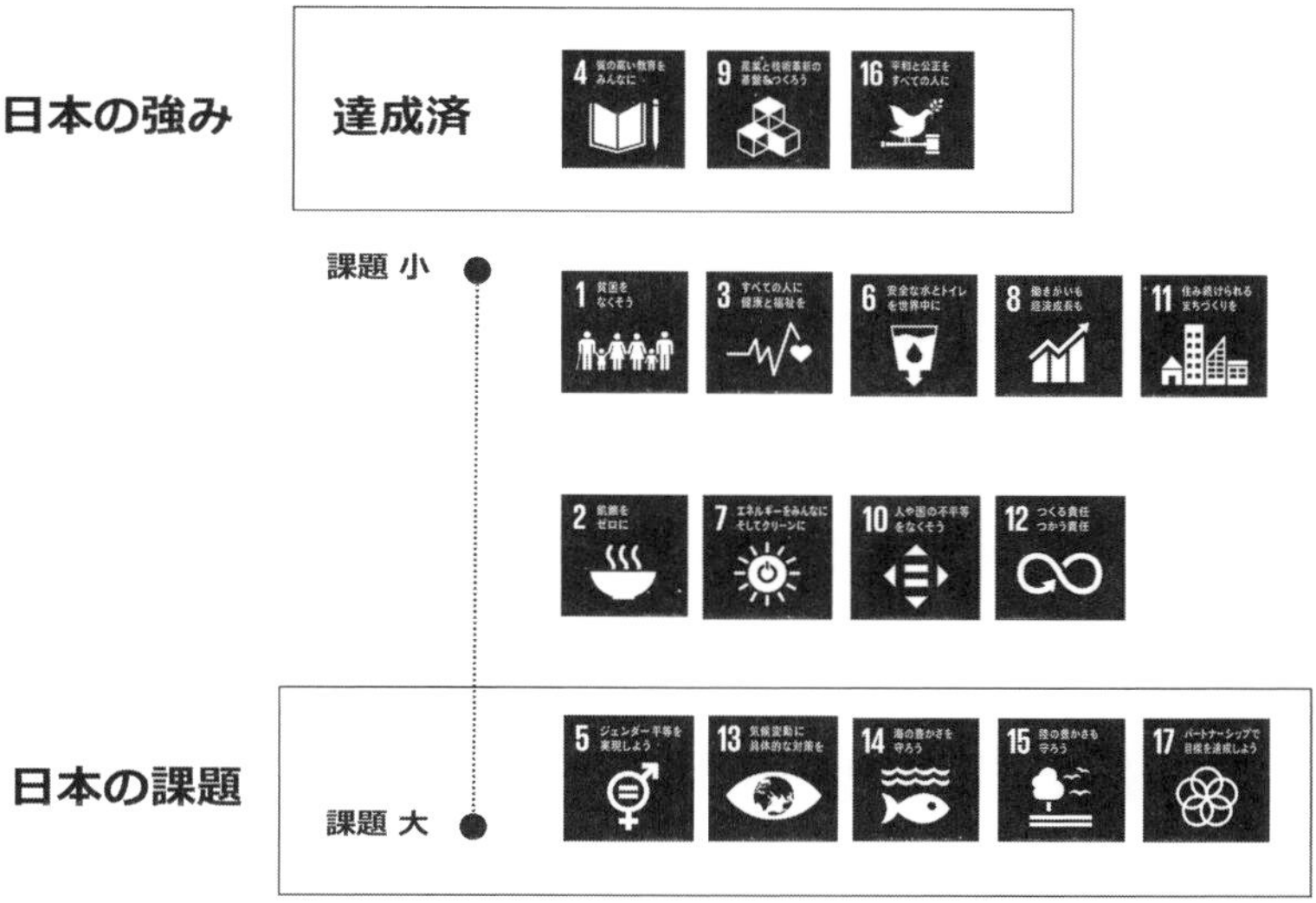

図）日本の強みと日本の課題
出所：SDSN（2020）「Sustainable Development Report 2020」

このランキングの出所は、SDGsの世界的な進捗について、「持続可能な開発ソリューション・ネットワーク（Sustainable Development Solutions Network）（以下、SDSN）」とドイツのベルテルスマン財団が発行する報告書で、毎年発表されています。同報告書の中では、各国の達成度が高いゴールと低いゴールも示されています。日本は公正性や教育水準の高さが評価されていますが、早期の解決が必要な課題も示されています。例えば、「ジェンダー平等」の達成については日本の大きな課題と言えるでしょう（図）。

ハイレベル政治フォーラム

各国の代表団やNGO、企業、国際機関等が一同に会し、SDGsのレビューやフォローアップを行う「ハイレベル政治フォーラム（以下、HLPF）」が、毎年7月にニューヨークの国連本部で開催されています。HLPFでは、自国のSDGsに関する進捗を発表する「自発的国別レビュー」（以下、VNR）」と呼ばれる発表が行われ、2017年には岸田外務大臣が日本の取り組みについて発表しています。

その発表中、「SDGs推進本部」の設置や「SDGs実施指針」を作成したことについて説明し、官民パートナーシップの考え方に基づいて、「政府だけでなく、市民社会や民間企業等を巻き込んだ日本の多様な叡智を結集させ、国内外で具体的なアクションを起こしていく」と決意を示しました。

海外の自治体の取り組み

SDGsは海外の自治体でも取り組みが進んでいます。これまでHLPFでは、

ＳＤＧｓのゴールから、毎年いくつかをテーマとして指定して重点的にレビューを行っています。２０１８年は「住み続けられるまちづくりを（ゴール11）」が対象になったこともあり、世界中の自治体の参加が目立ちました。

同年７月16日に開催された「地方・地域政府フォーラム」、および翌17日に開催された日本政府主催のサイドイベント「持続可能な都市の実現に向けたアジア太平洋地域のイニシアティブ」では、日本の自治体として唯一、北九州市が出席しています。

同年のＨＬＰＦでは、国家ではなく自治体がＳＤＧｓの取り組みについての報告書を発行する「自発的都市レビュー（以下、ＶＬＲ）」と呼ばれる取り組みが、ニューヨーク市、そして先述の北九州市、富山市、下川町によって発表されました。その後、ＶＬＲはブリストル市（英国）や、ロサンゼルス市（米国）など、世界中に広がっています。

POINT

▼日本のＳＤＧｓの進捗は世界で15位（２０１９年）に位置している
▼国連では、各国がＳＤＧｓの進捗を発表する場が毎年７月に設けられている
▼国だけでなく、「自発的都市レビュー」を行っている都市がある

インターリンケージ

互いにつながり合うゴールとターゲット

「インターリンケージ」とは、複数のモノ・コトが相互につながっていることを表しています。一見すると、分野ごとに独立して見えるSDGsのゴールやターゲットも互いにつながっています。つまり、あなたがひとつのターゲットに関する行動を起こしたならば、他のゴールやターゲットにも影響が及ぶ可能性があるのです。

複数の要素が関係し合っているということは、ひとつを解決すると他の課題も解決するかもしれませんし、逆に他の課題がさらに解決から遠ざかるかもしれません。前者は相乗効果（シナジー）、後者はトレードオフと表現されます。

例えば、新たに道路を建設してインフラを整備することは、SDGsのターゲット

9・1「経済発展や人間の福祉を支援するインフラの開発」に貢献します。それだけではなく、道路ができたことで、公共交通機関が開通すれば、ターゲット11・2「全ての人々に、安全かつ安価で容易に利用できる、持続可能な輸送システムへのアクセスを提供する」にも貢献するでしょう。さらに、交通不便地域という課題が解消され、金融機関の支店が開設されて商業が賑わえば、ターゲット8・3「金融サービスへのアクセス改善などを通じて中小零細企業の設立や成長を奨励する」にも貢献する可能性があります。これはひとつの打ち手がもたらす相乗効果の例です。

では、逆に道路が整備されたことで、どのようなトレードオフが発生するでしょうか。新たな道路を建設する際に、森林を切り拓いたとすれば、ターゲット15・2「森林減少の阻止」に影響しますし、森林が備える治水機能が影響を受け、水害などの自然災害の遠因になれば、ターゲット11・5「水関連災害などの災害による死者や被災者数の大幅な削減」にも負の影響がもたらされます。これがトレードオフです。

地域の課題をSDGsで顕在化させる

先ほどの例では「道路建設」という打ち手（政策）がもたらす影響を俯瞰して考えまし

たが、ＳＤＧｓは課題を分析する際にも活用することができます。

例えば、ターゲット11・5にある「災害による死者や被災者」の発生という課題を引き起こす原因は何でしょうか。それは「堤防が低い」「道路が狭い」といったインフラの問題（ターゲット9・1）や「日本語能力が十分でない外国籍住民に情報が行き渡らなかった」という不平等（ターゲット10・2）かもしれません。

このように、目に見える課題の背後には、多種多様な問題が同時多発的に存在しています。そして、問題同士が複雑に絡み合い、表出化した問題が解決すべき「課題」として認識されているに過ぎないのです。ＳＤＧｓは、まだ我々が見えていない様々な問題を「貧困」や「ジェンダー平等」といった17の切り口から見える化し、「課題」として明らかにしてくれるツールとして機能します。

ＳＤＧｓを活用することで、できるだけトレードオフが少ない、相乗効果が発揮される解決策を選択しながら、持続可能な世界にしていくためにはどうしたら良いか総合的に考えていくための道標を得ることができるのです。

課題を自分とつなげて考える

こうして俯瞰して物事を捉えることで得られる重要な示唆は、「自分もＳＤＧｓが立ち向かおうとしている問題の一部なのだ」ということでしょう。

例えば、ＳＤＧｓのゴール１は、貧困に苦しむ「誰かの問題」といったように、自分と切り離して考えてしまいがちです。しかし、あなたが飲んでいるコーヒーは、開発途上国で児童労働によって栽培され、子どもの教育機会を奪い、彼らの貧困を助長しているかもしれません。自分と関係ないと思っていた課題も、実は自分が引き起こしているかもしれない――このことに気づいたら、ＳＤＧｓをぐっと引き寄せられるはずです。

POINT

- ＳＤＧｓは、課題分析と政策立案といった政策過程で活用できる
- 独立して見えるＳＤＧｓのゴールやターゲットも相互につながっている
- 自分も目の前の課題を引き起こす原因かもしれないと気づくことが重要

バックキャスティング

目標から逆算して考える

あなたが、とある市役所の観光部門で働く職員だとしましょう。担当業務で、入館料やグッズの売上といった事業収入が低く、公費も減少傾向にあり、お世辞にも持続可能な経営状況とは言えない市立美術館を立て直すため、来館者数（昨年度約１万人）を増加させようとするとき、どのように戦略を考えますか。

もし、あなたが昨年度の来場者数を踏まえながら、改善策を考えて、入館者数を増加させようとするのであれば、それは「フォアキャスティング」と呼ばれるアプローチです。昨年度の実績をもとにするので、一見すると確実な方法に思えますが、実際は霧の中を歩いて進むようなもので、その先に一体何があるか進んでみなければわからないため、どうしても場当たり的な対応になりがちです。

一方で、あなたが「来年度の来館者を2万人にする」と目標を予め設定し、その達成に向けた手段や施策を検討するのであれば、それは「バックキャスティング」と呼ばれるアプローチです。つまり、未来から「逆算」して現在の行動を検討する考え方を指していいます。逆算することで、いつまでに何をしなければならないかが明確になるので、時間を大切に使うことができますし、起こり得るリスクを検討しておけば、先回りして対策を講じることができます。

目標の置き方にもひと工夫を

「フォアキャスティング」では、近年のデータをもとに、来館者数の増加につながる方法はないか検討し、達成が見込める目標数値を設定します。このアプローチでは、いくら現状の施策を加速させて積み上げても、来館者数を10倍にするというような大胆な目標を掲げることは滅多にないはずです。むしろ、目標を達成できなかった際の住民や議会からの追及や批判も考慮して、結局は「来館者数を昨年度から5％増加させる」というような実現可能性が高い数値設定に落ち着くことがほとんどでしょう。

反対に、「バックキャスティング」のアプローチでは、まずは現状を分析し、来館者数をどのような状況にすれば、市立美術館が持続可能な経営状況になるか考えます。その結果、10万人が来場しなければならないのであれば、「来館者10万人」という目標を先に定め、そこから逆算して、いつまでに（＝期限）何をしなければならないか（＝打ち手）を考えます。

このような壮大な目標を掲げると、周囲からは荒唐無稽と思われるかもしれません。しかし、高い目標だからこそ、今までとは根底から異なるアプローチを考えなければ達成できません。この発想の転換こそが、まるっと状況を変えるチャンスです。例えば、デザイナーと連携して魅力的なミュージアムグッズを作成したり、これまであまり来館してもらえなかった若い女性が訪れたくなるように、インスタグラムなど会員制交流サイト（ＳＮＳ）を活用したりするなど、行政内部で対応策を完結させずに、外部と連携した新たな方法を模索するきっかけになります。

とはいえ、「近隣の公立美術館が来場者で賑わうなど聞いたことがないし、採算が取れるものではない。市の美術品を保護し、市民に開いている状態を保つことに行政が関わる意味がある」という考えが、あなたの頭のどこかに置かれてはいないでしょうか。正論ではありますが、見方を変えると、これは経営状況が持続可能でないことを、採算が取れなくとも良い理由に置き換えていると捉えることはできませんか。

そういうときこそ「バックキャスティング」で考えてみてください。はじめは壮大に感じられた数値目標も、採算が取れる方法を考えるうちに、今の作業一つひとつが目標につながっていることを実感できるはずです。

また、定めた目標に行きつく過程で得られる成果が徐々に取り組みを加速させて、数年後には、民間企業の社員が博物館に人事交流で配属されたり、テレビで特集されて注目が集まったり、博物館を取り巻く状況があなたの想像よりも大きく変化しているかもしれません。こうして土台となる状況が変われば、できることも増え、取り組みが加速します。「現時点での常識」という「思い込み」にとらわれ過ぎないことが、SDGsという壮大な目標を達成するための打ち手を考える際にも必要です。

POINT

- 目標から逆算して検討する思考方法が「バックキャスティング」
- 目指す姿に到達するまでの道のりが明確になると、先手を打って対応できる
- 高い目標を設定することで、これまでのアプローチを根底から見直せる

変革する

我々の世界を変革する：持続可能な開発のための2030アジェンダ

自治体でSDGｓの活用を考える際には、「地域の仕組みを、まるっと変える」という大局的な視点を持つことが重要です。

というのも、SDGｓは「我々の世界を変革する：持続可能な開発のための2030アジェンダ（以下、2030アジェンダ）」という決議文書の一部分です。この2030アジェンダは、①前文、②宣言、③持続可能な開発目標（SDGｓ）とターゲット、④実施手段とグローバル・パートナーシップ、⑤フォローアップとレビューの5項目から構成されており、SDGｓは、その中核に位置づけられています。そして、このアジェンダのタイトルには「我々の世界を変革する」という決意が明確に示されているのです。

それでは、なぜ2030アジェンダでは、「改善する」や「軌道修正する」ではなく、「変革」という大胆な言葉が使われているのでしょうか。

その理由はいくつもあります。例えば、20世紀以降、世界は商品を使い捨てにすることで効率を高め、経済を回す「大量生産・大量消費・大量廃棄」を背景とした経済・社会システムの影響を強く受けており、お世辞にも持続可能な状態にあるとは言えません。世界最大規模の自然環境保護団体であるＷＷＦ（世界自然保護基金）の報告によれば、世界中の人が同じ生活をする場合、地球１・７個分の資源が必要とされます。現代の技術水準で全ての人が平等な暮らしをすると、皮肉にも資源は不足し、地球を持続させることができないのです。

そのため、こうした状況を改善し、私たちの子どもや孫が、２０１５年の状況よりも良い生活を送れるようにするためには、社会の仕組みを現在の延長で考えて改善するのではなく、根底にある価値観や常識といった前提条件ごと「まるっと変える」必要があるのです。

新型コロナウイルスの感染拡大による変化

変革のきっかけは思わぬ形で訪れることもあります。例えば、２０２０年に発生した新型コロナウイルスの世界的な感染拡大によって、人々が濃厚接触を避けるための手段としてテレワークが普及し、これをきっかけに遠隔会議も日常的に行われるようになりました。テレワークという手法自体は既に開発されていましたが、実際の業務（オペレーション）への落とし込みは、あまり進んでいませんでした。しかし、今後普及がさらに進み、自治体でもテレワークを前提とした業務が生み出されれば、介護や育児、障がいなど、何らかの事情によって在宅で業務をすることが望ましい状況に置かれた職員も、退職せずに仕事を続けることができるかもしれません。

自治体でも、これまでは対面で待ち時間が必要だった証明書類の受取りや、必要書類の提出等をオンラインで行うことで、役所に足を運ばなくても良いように工夫するなど、変革の兆しが見えます。このように、震災や感染症のような大きな危機は、社会の仕組みを、前提条件から大きく変える契機になります。しかし、そうした事態が起こらなくても、世界の共通課題を示したＳＤＧｓの視点を活用すれば、多くの人に世界が直面する状況を訴え、持続可能な方向に社会構造を刷新することができるのです。

目標達成までの道のりを根底から変える

ＳＤＧｓは、最終的な成果として目指す理想の姿を17のゴールで示していますが、これらを実現するまでの道のりに工夫を凝らしていくことが必要です。

日頃から私たちは、石油や水といった様々な資源に資金や労力をかけて、付加価値を加えることで、商品やサービスといった成果に変換し、対価を得ています。自治体で例えると、広報課は庁内や地域から情報を集め、住民に必要な項目を選定した上で、内容を理解しやすい表現に編集し、ウェブサイトや広報誌を通じて住民に伝えています。この例では、情報の選定や編集、媒体を提供するといった付加価値を加え、情報という資源の価値を高めています。

地域や世界を持続可能にするという野心的な成果を生み出すためには、こういった道のりに、既存の方法の延長だけでなく、根底からまるっと変えるような発想の転換も必要になるのです。

POINT

- SDGsは、2030アジェンダの一部であり、中核を成すもの
- SDGs達成には、前提条件ごと「まるっと変える」必要がある
- SDGsの視点を活用して社会構造を変える

キーワードで読み解くSDGｓの基礎④

経済・社会・環境の三側面

経済・社会・環境の三側面とは何か？

ＳＤＧｓでは、経済・社会・環境の３つの側面に配慮した視野が求められます。この考え方は「トリプルボトムライン」と呼ばれ、企業の社会的責任に関する文脈で、ＳＤＧｓが採択される前から用いられています。

例えば、あなたが着ている服は、どこの誰が作っているかご存知でしょうか。

・原材料の調達先や、服の生産工場で、労働者の人権を無視した業務体制や、児童労働が行われていないでしょうか（社会の側面）

・小売店で販売される際に、過剰な包装資材を使っていないでしょうか。もしくは、廃棄

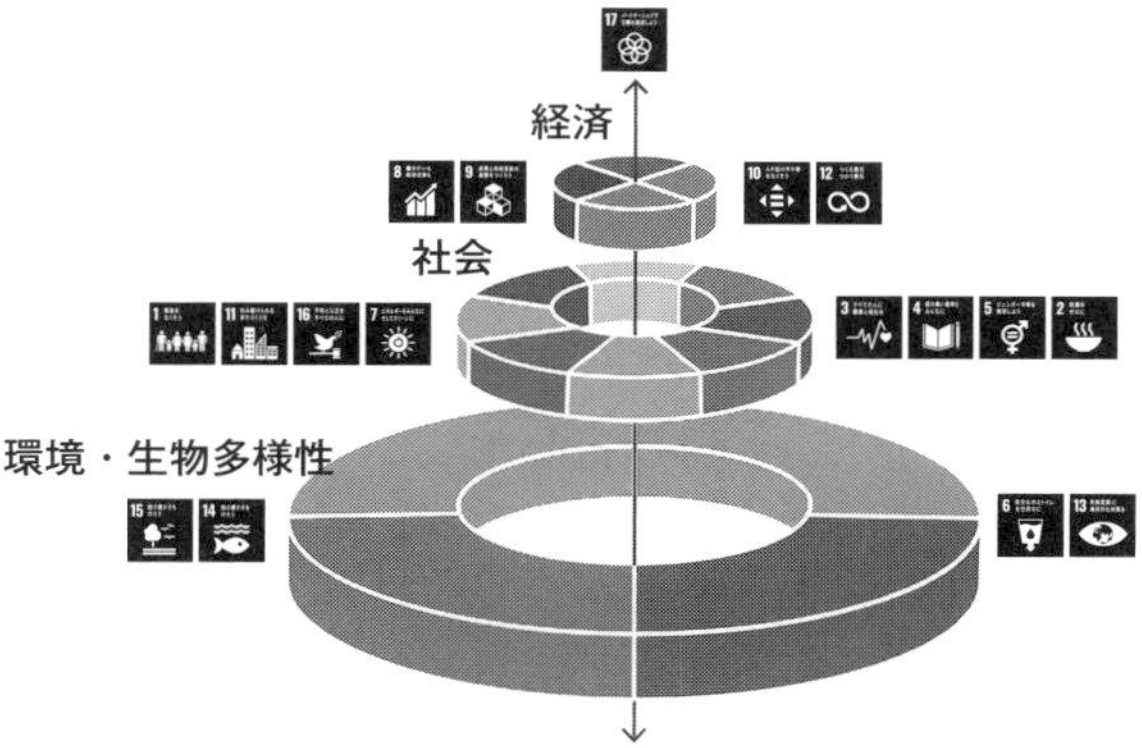

図）SDGsウェディングケーキ　Stockholm Resilience Centre 資料をもとに筆者作成

の際にリサイクルしやすい工夫が施されているでしょうか（環境の側面）

「モノやサービスが売れれば良い」という経済に特化した考え方だけではなく、このように原料の調達から廃棄に至るまでの各段階で、社会や環境への細かく配慮された統合的な解決が求められます。

SDGｓウエディングケーキ

この三側面の関係を、スウェーデンの環境学者であるヨハン・ロックストローム博士らは「SDGｓウェディングケーキ」と呼ばれるモデル図で説明しています（図）。

土台となる部分は「海の豊かさを守ろう（ゴー

ル14）」といった4つのゴールが示す環境・生物多様性（BIOSPHERE）が配置されています。二段目は、「すべての人に健康と福祉を（ゴール3）」といった8つのゴールが示す社会（SOCIETY）の側面が位置付けられます。最上段には、「働きがいも経済成長も（ゴール8）」といった4つのゴールが示す経済（ECONOMY）の側面が位置しており、これら三段の階層を、中央から「パートナーシップ（ゴール17）」が上下双方向に貫いています。

最も上に位置する経済活動を持続させるためには、平和で公正な社会が実現されていることなど、社会が持続可能に発展することが必要です。同様に、こうした持続可能な社会は、海や森林といった資源が整った環境があるからこそ成り立っています。そして、三側面が分離しないように、パートナーシップで統合的に発展を進めていく必要性をこのモデル図は表しています。

自治体×三側面

都市部の自治体と、中山間地にある自治体を、それぞれ思い浮かべてください。もちろん例外はありますが、一般的に都市部の自治体では、産業が発展しているので「経済」という側面から見れば、地方の自治体よりも高い水準に位置します。逆に、地方の自治体には豊かな自然が広がっているため、「環境」の側面から見れば、都市部の自治体よりも高い水準にあるはずです。このように、自治体は「社会」の側面も含めて、それぞれ異なる地域特性を抱えているので、全国一律で同じ政策を進めても、その成果は地域によって全く異なります。

行政組織で考えると、特定の事業だけで経済・社会・環境の三側面をすべて満たすことが難しい場合もあります。その場合は、施策レベルで三側面に配慮できているか確認してください。もし、施策レベルでも難しければ、政策レベルで確認……というように、見方を変えながら考えると、取り組みやすいのではないでしょうか。とはいえ、できるだけ事業レベルでも三側面のバランスを取れるように工夫を凝らすと、新たな付加価値を既存事業にもたらすことができるはずです。

POINT

- SDGsでは、経済・社会・環境の三側面に配慮した視野が求められる
- 持続可能な発展を遂げるには、地域特性の考慮が必要
- 自治体の政策・施策・事業の異なる階層で、三側面の統合的達成を考える

アウトサイド・イン

新たな視点と枠組みで、業務を整理→点検→改善する

国連グローバル・コンパクト（※）等が発行している「ＳＤＧコンパス」では、外部の視点である国際的かつ社会的なニーズをもとに、戦略や取り組みを見つめ直すアプローチを「アウトサイド・イン」と紹介しています。

これを自治体で活用する際には、次のような手順で考えると、わかりやすいでしょう。

①現行の政策（施策・事業）が、どの程度ＳＤＧｓの達成に貢献しているか整理する
②ＳＤＧｓで示された基準と現行の政策（施策・事業）の達成状況の差異を点検する
③②で明らかになった差異を埋めるため、改善点や新たな戦略を検討する

そもそも、自治体は、常日頃から地域課題の解決に取り組んでいるため、その政策の多くは、ＳＤＧｓで示されている項目の達成にも貢献しています。そこで、政策・施策・事業の3つの段階で、一体どのＳＤＧｓの達成に資する取り組みか整理することが、はじめの一歩です。

確認する際には、17のゴールではなく、１６９のターゲットを中心に確認することをお勧めします。というのも、ＳＤＧｓのゴールは非常に幅広く、抽象的すぎて、根拠のない紐付けに終わってしまう可能性もあります。ターゲットには、目標年限や実施手段、目指す成果が書かれているので、具体的な判断根拠になります。

次に、ターゲットで示された理想の状態と、現行の政策による達成状況を比較して、その差異（ギャップ）がどの程度か明らかにします。例えば、ターゲット11・2では、「２０３０年までに、脆弱な立場にある人々、女性、子供、障害者及び高齢者のニーズに特に配慮し、公共交通機関の拡大などを通じた交通の安全性改善により、全ての人々に、安全かつ安価で容易に利用できる、持続可能な輸送システムへのアクセスを提供する」と示されています。

幹線道路から離れた地区に住む住民に対して、すでに自治体はコミュニティバスや乗合タクシーなどによって、課題解決を図っています。そのため、ターゲット11・２の達成に対しても一定の貢献は認められて然るべきです。とはいえ、地方圏は自家用車が欠かせない状況に置かれており、自家用車を運転できない高齢者等が利用できる公共交通機関のあり方を検討する必要性は高いと言えます。最近では、ＩＴ技術を活用し、公共交通機関を切れ目なくつなぐ「ＭａａＳ（Mobility as a Service）」の登場や、自動運転などの最新技術の活用にも自治体の注目が集まっています。民間企業等と連携し、自治体の内部にはないテクノロジーやイノベーションといった力を活用しながら、困難な目標にも立ち向かう時代が訪れています。

一連の作業でＳＤＧｓを活用する際には、自治体のスケールでＳＤＧｓのターゲットを捉え直す作業が必要です。先ほどのターゲット「全ての人々に、安全かつ安価で容易に利用できる、持続可能な輸送システムへのアクセスを提供する（11・2）」を例にすると、ＳＤＧｓの文言では「全ての人々に」と記載されていますが、自治体で考える際には「すべての住民に」もしくは「すべての市民に」と読み換えて考えてみてください。

なお、こうした「アウトサイド・イン」による確認や見直しを行う際には、手始めに重点政策・施策に絞って行うことをお勧めします。行政経営に強い影響をもたらす重要課題に集中して取り組むことを通じて、自分たちの自治体で最適なアプローチを作り上げ、徐々に庁内で浸透させていくほうが、はじめから全ての政策を対象にして完璧を求めるよりも効率的で、質も高くなるでしょう。

自治体がこれまで取り組んできた地域課題の解決に、ＳＤＧｓによる持続可能性という新たな価値観を加えることで、多面的で質の高い政策を策定するための示唆を得ることができます。確かに、短期的に見れば、業務が増えて手間がかかってしまいますが、自治体の将来を考えれば、非常に効果的であると言えます。これまで自治体職員が見逃してきた「変えるべきこと」や「当たり前と思っていたことの大切さ」を気づかせてくれる道具として、ＳＤＧｓを使うことで、住民生活の質を向上させることができるのです。

※ コフィ・アナン国連事務総長（当時）が提唱した、企業や団体が責任あるリーダーシップを発揮して持続可能な成長を実現するための世界的な枠組み作りに参加する自発的な取り組み

POINT

- ▼ ＳＤＧｓという外部の視点で、自治体の取り組みを整理し直す
- ▼ 自治体で活用するためには、ＳＤＧｓを自治体の規模で捉え直す作業が必要
- ▼ 長期的に見れば、ＳＤＧｓを活用して、地域住民の生活の質を向上できる

Column 2

ターゲットの達成期限は2030年ではない？

SDGs全体の達成期限は2030年です。しかし、169のターゲットの中には、2020年を達成期限とするターゲットが21個もあることをご存知でしょうか。

例えば、ゴール3「すべての人に健康と福祉を」のターゲットのひとつは、「2020年までに、世界の道路交通事故による死傷者を半減させる[3.6]」と設定され、その進捗を測る指標は「道路交通事故による死亡率[3.6.1]」です。この指標に対して、国(総務省統計局)は「人口10万人あたりの路上交通事故による死亡者数」で捉えています。SDGsが採択された2015年時点では4.0人、最新の2017年時点では3.6人とその数は確実に減っていますが、半減には至っていません。

こうした道路交通事故への対策は、警察に限った話ではなく、自治体の担当課でも、交通安全教育の実施や、自転車専用レーンの整備などの事務事業が存在します。「SDGsの達成期限まであと10年くらいある」と先送りにしていたら、あなたの部署に深く関連するSDGsのターゲットの達成期限は、2020年だった……なんてことも起こるかもしれません。

2.5	3.6	4.b	6.6	8.6	8.b	9.c
11.b	12.4	13.a	14.2	14.4	14.5	14.6
15.1	15.2	15.5	15.8	15.9	17.11	17.18

2020年が達成期限のターゲット番号一覧

第3章

つながる自治体とSDGsの現在と未来

自治体は、なぜSDGsに取り組むのか

■地域の持続可能性を高め、「地方創生」を推進する

自治体がSDGsに取り組む意義のひとつとして、地方創生を挙げることができます。日本の人口は2008年の1億2808万人をピークに減少を続けています。特に地方から都市部への人口流入は顕著で、人口だけでなく、経済や文化も含めた東京一極集中が続いています。地方では人口減少による学校の統廃合や電車・バスといった公共交通機関の廃線、担い手不足による第一次産業の衰退など、地域の持続可能性へのネガティブな影響が顕著に見られます。他方、都市部も高齢者の介護や医療といった課題を抱え、決して順風満帆ではありません。

こうした状況を打開するため、政府は2014年に「まち・ひと・しごと創生長期ビジョ

ン」と、その実現に向けた「まち・ひと・しごと創生総合戦略」を策定し、人口減少と地域経済縮小の悪循環というリスクを克服する観点から、まち・ひと・しごとの創生と好循環の確立により、活力ある日本社会の維持を目指しています。後述しますが、2017年の同戦略改定時に「地方創生の一層の推進にあたっては、持続可能な開発目標（SDGs）の主流化」を図ることが記載され、地方創生の一環としてもSDGsは広がりを見せています。

政策の質を向上させる

内閣府に設置された自治体SDGs推進評価・調査検討会が実施した「令和元年度SDGsに関する全国アンケート調査結果（案）」では、自治体のSDGs推進に向けて前向きな自治体は8割を超えます。

一方で、自治体内部の障害として「行政内部での理解、経験や専門性が不足している」という回答が38・7％（996件）寄せられています。「自治体職員の関心が低いためSDGs達成に向けた取組の推進の理解が得られない」という回答も14％（361件）ありました。実際に、SDGsを推進している自治体の職員に直接話を聞くと、一様に「庁内での浸透が課題だ」との回答が返ってきます。それでは、なぜ自治体内部でＳＤＧｓが円滑に広まらないのでしょうか。

その原因のひとつとして、具体的な活用方法が見えないことが挙げられます。実際に、自治体職員からは「ＳＤＧｓの重要性は庁内研修を通じて理解しました。しかし、自分たちの業務で何ができるか実感がわきません」という声が聞こえてきます。もちろん、有識者を招いて講演形式で研修すれば、知識は得られるでしょう。しかし、職員が知識として蓄えているだけでは、持続可能な地域を実現することには直結しません。

では、職員はそれぞれの業務の中で、どのようにＳＤＧｓを活用できるのでしょうか。一案として、業務のアップデートにＳＤＧｓの観点を用いる方法が挙げられます。例えば、自治体の防災備蓄用品は、ＳＤＧｓのゴール11「持続可能なまちづくりを」の実現に貢献する取り組みのひとつと言えます。しかし、内閣府が東日本大震災の被災3県（岩手・宮城・福島）で実施したアンケートによると、女性の生理用品や、子どものおむつに対する要望が多く寄せられています。未だに男性職員の比率が高い自治体で、防災部門が防災備蓄用品を選ぶ際に、ゴール5「ジェンダー平等を達成しよう」の視点から十分に検討が行われているでしょうか。

このように、ＳＤＧｓをチェックリストとして活用することで、自治体の取り組み一つひとつを、住民の安心安全をさらに高めるものにアップデートすることができます。

持続可能な地域を考える上では、各自治体が抱える課題とSDGsがもたらす新たな視点を複合的に考えながら、自分たちで地域の持続可能性を検討し、解決するプロセスが重要です。SDGsという共通の目標が存在する意義のひとつは、事前に発生し得る課題を想定した対応策を練ることで、これまで局所的で事後対応になりがちだった自治体が、先回りして打ち手を実行することができるようになることです。その過程で、規制によって住民に強制して成果を出すのか、それとも何らかの工夫を凝らして促すのか、最も効果的な方法を検討していきます。

SDGsを活用することで、これまで自治体が抱えていた課題を顕在化させ、その解決に向けた新たな視座を得ることができるのです。

POINT

- SDGsを主流化することで地方創生の推進が期待されている
- SDGsの視点を活かせば、政策・施策・事業をアップデートできる
- SDGsを活用すれば、課題の発生に先回りして打ち手を実行できる

ＳＤＧｓに関する日本政府の取り組み

「ＳＤＧｓ推進本部」の設置と「ＳＤＧｓ実施指針」

ＳＤＧｓの採択を受けて、日本政府は２０１６年５月に内閣総理大臣を本部長、全閣僚を構成員とする「ＳＤＧｓ推進本部」を設置しました。この本部の下には、行政、市民社会、国際機関、有識者など幅広い利害代表者で構成される「ＳＤＧｓ推進円卓会議」も設置されています。

同年12月には、推進本部によって日本の取り組みの羅針盤とも言える「ＳＤＧｓ実施指針」が決定されました。この実施指針では、日本の優先課題や、地方自治体も含めた各主体の役割も示されています。地方自治体については「各種計画や戦略、方針の策定や改訂に当たってはＳＤＧｓの要素を最大限反映することを奨励しつつ、関係府省庁の施策等も

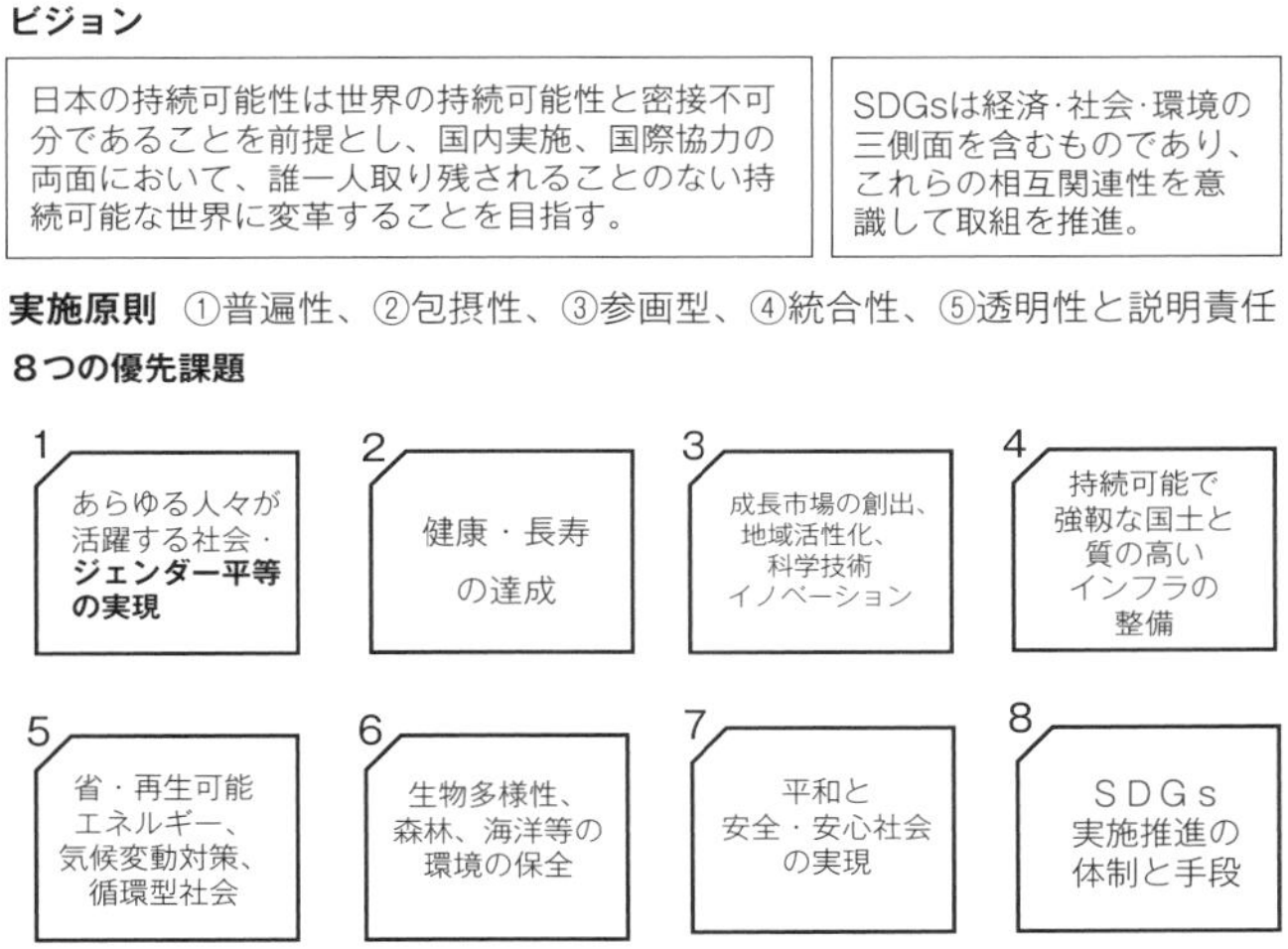
ビジョン
日本の持続可能性は世界の持続可能性と密接不可分であることを前提とし、国内実施、国際協力の両面において、誰一人取り残されることのない持続可能な世界に変革することを目指す。
SDGsは経済·社会·環境の三側面を含むものであり、これらの相互関連性を意識して取組を推進。
実施原則　①普遍性、②包摂性、③参画型、④統合性、⑤透明性と説明責任
８つの優先課題
1
あらゆる人々が活躍する社会・ジェンダー平等の実現
2
健康・長寿の達成
3
成長市場の創出、地域活性化、科学技術イノベーション
4
持続可能で強靭な国土と質の高いインフラの整備
5
省・再生可能エネルギー、気候変動対策、循環型社会
6
生物多様性、森林、海洋等の環境の保全
7
平和と安全・安心社会の実現
8
ＳＤＧｓ実施推進の体制と手段

図）日本の優先課題　　「SDGs実施指針改定版」をもとに筆者作成

通じ、関係するステークホルダーとの連携の強化等、ＳＤＧｓ達成に向けた取組を促進する」と記載されており、この段階で、各種計画等へのＳＤＧｓの反映が例示されていました。そして、鎌倉市（神奈川）がＳＤＧｓの理念を総合計画等に反映させているように、各種計画にＳＤＧｓの要素を反映する自治体が見られます。

この「ＳＤＧｓ実施指針」は、２０１９年12月に改定されています。その中で、優先課題の１番目に「ジェンダー平等の実現」が追記されたことは大きな変化です。ＳＤＧｓのゴール５に「ジェンダー平等を実現しよう」が設けられていますが、２０１９年12月の世界経済フォーラムによる発表によると、男女間の格差を表す「ジェ

部局を横断する推進組織の設置、執行体制の整備を推進すること
様々な計画にSDGsの要素を反映すること
進捗を管理するガバナンス手法を確立すること
情報発信と成果の共有として、SDGsの取組を的確に測定すること
国内外を問わないステークホルダーとの連携を推進すること
ローカル指標の設定等を行うこと
地域レベルの官、民、マルチステークホルダー連携の枠組の構築等を通じて、官民連携による地域課題の解決を一層推進させること
「地方創生SDGs金融」を通じた自律的好循環を形成するために、地域事業者等を対象にした登録・認証制度の構築等を目指すこと
各地域のエネルギー、自然資源や都市基盤、産業集積等に加えて、文化、風土、組織・コミュニティなど様々な地域資源を活用し、持続可能な社会を形成する「地域循環共生圏」の創造に取り組む等、自治体における多様で独自のSDGsの実施を推進すること

表）地方自治体の役割　「SDGs実施指針改定版」をもとに筆者作成

ンダー・ギャップ指数」で、日本は調査対象の153カ国中121位に位置しています。自治体においても、女性管理職や女性議員の議席の割合を高めていくなど、やるべきことは山積しています。

ほかにも、同指針の改定に伴って、地方自治体の役割に係る記述が大幅に増加しています。いくつかの期待される取り組みも例示されており、自治体の参考になるはずです（表）。また、これまで示されていなかった、地方議会を含む議会の役割も同指針には新たに明記されています。

ジャパンSDGｓアワード

外務省は、ＳＤＧｓ達成に資する優れた取り組みを行っている企業・団体を表彰する「ジャパンＳＤＧｓアワード」を２０１７年に創設しています。応募された案件の中で、最も優れたものを、総理大臣によるＳＤＧｓ推進本部長表彰（内閣総理大臣賞）としており、第１回は北海道下川町が同賞を受賞しています。同年には、福岡県北九州市も特別賞を受賞しており、２０１８年は鹿児島県大崎町（内閣官房長官賞）、２０１９年は大阪府（内閣官房長官賞）が続いています。表彰によって注目が集まり、課題解決に向けて民間企業等と連携するきっかけを得ることができるかもしれません。

POINT

- 全閣僚を構成員とする「ＳＤＧｓ推進本部」が政府に設置されている
- ＳＤＧｓ実施指針には、地方自治体の役割も記載されている
- 「ジャパンＳＤＧｓアワード」を国内外の企業等と連携するきっかけに

地方創生とＳＤＧｓ

「自治体は、なぜＳＤＧｓに取り組むのか（74頁）」で説明したように、政府は、ＳＤＧｓを活用して、人口減少や少子高齢化に歯止めをかけ、地方創生を推進しようとしています。では、代表的な政府の取り組みをご紹介します。

地方創生ＳＤＧｓ官民連携プラットフォーム

昨今の企業におけるＳＤＧｓ達成に向けた取り組みは活発です。その要因のひとつに、２０１７年11月に経団連（一般社団法人日本経済団体連合会）が、「Society5.0」（※）の実現を通じたＳＤＧｓの達成を柱として、企業行動憲章を改定したことが挙げられます。こうした企業や市民社会と協力して公共的課題に立ち向かうべく、日本政府も官民パートナーシップの考え方に基づいた具体的なアクションを起こしていこうとしています。

２０１８年８月には、①参加団体同士のマッチング支援や、②テーマ別の分科会の設置、③各種セミナー等を通じた普及促進活動を行う「地方創生ＳＤＧｓ官民連携プラットフォーム」が政府によって設置されました。２０２０年６月末現在で会員数は１９６２団体（うち自治体は６３１団体）を数え、「企業版ふるさと納税分科会（内閣府提案）」や「ＳＤＧｓ社会的投資促進分科会（神奈川県提案）」など、多種多様なテーマの分科会が設けられています。

自治体が民間企業と協力することで、地域課題に対して、これまでにない解決策を検討できることは大きな利点です。また、他の自治体や省庁との連携を深める機会にもなることから、まだ参加していない自治体は、積極的に参加してみてはいかがでしょうか。

※　サイバー空間（仮想空間）とフィジカル空間（現実空間）を高度に融合させたシステムにより、経済発展と社会的課題の解決を両立する、人間中心の社会（内閣府ウェブサイトより引用：https://www8.cao.go.jp/cstp/society5_0/）２０２０年６月11日最終アクセス）

地方創生ＳＤＧｓローカル指標

指標による進捗の計測が、ＳＤＧｓの重要なメカニズムであることは既に述べましたが、実際にＳＤＧｓの指標を見ても、自治体でどう利用すれば良いか想像できないという読者も多いのではないでしょうか。

そこで、国内自治体の状況に即した「地方創生ＳＤＧｓローカル指標リスト」を参考にすることを勧めます。これらの指標は、内閣府「自治体ＳＤＧｓ推進評価・調査検討会」に設置された「自治体ＳＤＧｓ推進のためのローカル指標検討ワーキンググループ」で検討されたもので、内閣府のウェブサイトで公開されています。

例を挙げると、ゴール１「貧困をなくそう」のうち、ターゲット１・４「２０３０年までに、貧困層及び脆弱層をはじめ、全ての男性及び女性が、基礎的サービスへのアクセス、（中略）経済的資源についても平等な権利を持つことができるように確保する」の進捗を確認する指標「基礎的サービスにアクセスできる世帯に住んでいる人口の割合（１・４・１）」は、「上水道普及率」が代替指標として設定されています。自治体独自で指標を作成するのはハードルが高いと感じる場合も、このローカル指標を用いることで、他の自治体との比較もできるため、汎用性は高いでしょう。
ただし、ローカル指標の資料にも記載されていますが、ローカル指標と各自治体の政策目標・達成目標の内容を照らし合わせて、利用可能なものを参考に用いることが前提です。地域の優先課題は自治体によって異なるので、必要な指標を可能な限り自治体が独自で設定することを念頭に置きながら、このローカル指標を最大限活用すると良いでしょう。

POINT

- ＳＤＧｓを地方創生の原動力と捉えて活用する
- 民間や他の自治体と連携した地域課題の解決も視野に入れる
- 「地方創生ＳＤＧｓローカル指標」を参考にしながら、指標を設定する

ＳＤＧｓ未来都市

「ＳＤＧｓ未来都市」は、全国の自治体からＳＤＧｓの達成に向けた優れた取り組みを提案した都市が政府により選定されます。そのうち、特に先導的な取り組みを行う事業が「自治体ＳＤＧｓモデル事業」に選定され、上限３０００万円（２０１８年度は上限４０００万円）の補助を受けることができます。これは政府が、地方創生の文脈において、自治体がＳＤＧｓを推進していく上でモデルとなる取り組みを創出し、普及させることが必要と考え、２０１８年から「ＳＤＧｓ未来都市」及び「自治体ＳＤＧｓモデル事業」を公募・選定することによるものです。

２０１８年度から２０２０年度の3カ年で、計93都市（94自治体）がＳＤＧｓ未来都市に選定され、うち30事業が自治体ＳＤＧｓモデル事業に選定されています（90頁表参照）。また、第2期「まち・ひと・しごと創生総合戦略」では、２０２４年までにＳＤＧｓ未来都市を２１０都市まで拡大することがＫＰＩ（重要業績評価指標）に設定されており、今後の広がりも期待されています。

SDGs未来都市

SDGs未来都市には、北海道、長野県、神奈川県、広島県といった都道府県から、さいたま市や横浜市といった政令指定都市、そして市町村まで様々な規模の自治体が選定されています。その取り組みは、自治体の総合計画等にSDGsの理念を反映させた鎌倉市（神奈川県）や産官学金の多様なステークホルダーが連携する拠点「能登SDGsラボ」を設置した珠洲市（石川県）のように多岐にわたります。

一方で、自治体SDGsモデル事業に選定されなければ、補助金の支給がないので、メリットがないと考える人もいるかもしれません。しかし、SDGs未来都市に選定された自治体は、17の省庁から構成される「自治体SDGs推進関係省庁タスクフォース」によって、計画策定や事業実施に関する支援を受けることができるといった利点があります。また、地方創生推進交付金の申請事業数の上限の枠外として、1事業の追加申請が可能になるといった支援も受けることができるのです。

自治体ＳＤＧｓモデル事業

ＳＤＧｓ未来都市の中から、特に先導的な取り組みが自治体ＳＤＧｓモデル事業に認定されます。モデル事業に選定されるためには、経済・社会・環境の三側面で新たな価値を生み出し、多様な利害関係者との連携を通じて、自律的好循環が見込まれる事業であることが必要です。

自律的好循環について、内閣府は「将来的に補助金による支援に頼らず、事業として自走すること」としています。これは、まちに魅力的な仕事や機会が生み出されれば、人が集まり、活気にあふれたまちを実現できるということで、すでに選定された自治体の例を見るとイメージがわくでしょう。

実際にモデル事業に選ばれた自治体を見ると、初年度はニセコ町、下川町、横浜市、富山市、北九州市、小国町のように環境未来都市や環境モデル都市に選ばれ、以前から積極的に地域の持続可能性を高めるような取り組みを推進してきた自治体が半数以上を占めていました。そして、これらの自治体は、地域の持続可能性をさらに高める新たな取り組みを推進しており、行動を起こさない自治体との差は開くばかりです。

もちろん、環境未来都市に選ばれていなかった自治体の取り組みも、ＳＤＧｓの文脈から評価され、モデル事業に選定されています。例えば、大崎町（鹿児島県）は、住民と協働したごみの分別回収が実施されており、資源リサイクル率が80％を超え、12年連続日本一を達成しています。この大崎町の廃棄物処理の仕組みは「大崎システム」と呼ばれ、域内に新たな雇用を創出しながら、インドネシアの自治体におけるゴミの分別システムの構築にも協力するなど、非常に先進的です。こうした事業は、まさに国内外の自治体のモデルと言えるもので、今後もＳＤＧｓの達成に貢献する多様な取り組みが広がることを物語っていると言えるでしょう。

POINT

- これまで93都市（94自治体）が「ＳＤＧｓ未来都市」に選定
- うち30事業が「自治体ＳＤＧｓモデル事業」に選定
- ＳＤＧｓ未来都市は、２０２４年時点で２１０都市まで拡大予定

2018年度選定都市

01 北海道	18 豊田市（愛知県）
02 札幌市（北海道）	19 志摩市（三重県）
03 ニセコ町（北海道）	20 堺市（大阪府）
04 下川町（北海道）	21 十津川村（奈良県）
05 東松島市（宮城県）	22 岡山市（岡山県）
06 仙北市（秋田県）	23 真庭市（岡山県）
07 飯豊町（山形県）	24 広島県
08 つくば市（茨城県）	25 宇部市（山口県）
09 神奈川県	26 上勝町（徳島県）
10 横浜市（神奈川県）	27 北九州市（福岡県）
11 鎌倉市（神奈川県）	28 壱岐市（長崎県）
12 富山市（富山県）	29 小国町（熊本県）
13 珠洲市（石川県）	
14 白山市（石川県）	
15 長野県	
16 静岡市（静岡県）	
17 浜松市（静岡県）	

2019年度選定都市

01 陸前高田市（岩手県）	18 舞鶴市（京都府）
02 郡山市（福島県）	19 生駒市（奈良県）
03 宇都宮市（栃木県）	20 三郷町（奈良県）
04 みなかみ町（群馬県）	21 広陵町（奈良県）
05 さいたま市（埼玉県）	22 和歌山市（和歌山県）
06 日野市（東京都）	23 智頭町（鳥取県）
07 川崎市（神奈川県）	24 日南町（鳥取県）
08 小田原市（神奈川県）	25 西粟倉村（岡山県）
09 見附市（新潟県）	26 大牟田市（福岡県）
10 富山県	27 福津市（福岡県）
11 南砺市（富山県）	28 熊本市（熊本県）
12 小松市（石川県）	29 大崎町（鹿児島県）
13 鯖江市（福井県）	30 徳之島町（鹿児島県）
14 愛知県	31 恩納村（沖縄県）
15 名古屋市（愛知県）	
16 豊橋市（愛知県）	
17 滋賀県	

2020年度選定都市

01 岩手町（岩手県）	18 湖南市（滋賀県）
02 仙台市（宮城県）	19 亀岡市（京都府）
03 石巻市（宮城県）	20 大阪府・大阪市
04 鶴岡市（山形県）	21 豊中市（大阪府）
05 春日部市（埼玉県）	22 富田林市（大阪府）
06 豊島区（東京都）	23 明石市（兵庫県）
07 相模原市（神奈川県）	24 倉敷市（岡山県）
08 金沢市（石川県）	25 東広島市（広島県）
09 加賀市（石川県）	26 三豊市（香川県）
10 能美市（石川県）	27 松山市（愛媛県）
11 大町市（長野県）	28 土佐町（高知県）
12 岐阜県	29 宗像市（福岡県）
13 富士市（静岡県）	30 対馬市（長崎県）
14 掛川市（静岡県）	31 水俣市（熊本県）
15 岡崎市（愛知県）	32 鹿児島市（鹿児島県）
16 三重県	33 石垣市（沖縄県）
17 いなべ市（三重県）	

SDGs未来都市、及び自治体SDGsモデル事業（アミカケ部分）の一覧

事例①　金沢市（石川県）

幅広い主体と将来を描き、逆算して実現に向かう

金沢らしいＳＤＧｓ

２０２０年度の「自治体ＳＤＧｓモデル事業」に選定された金沢市は、人口約46万人（２０２０年時点）を抱える石川県の県庁所在地です。江戸時代には「加賀百万石」と讃えられた加賀藩の城下町として栄え、現在も金沢城をはじめとする文化財に囲まれた歴史あるまちなみが保全されており、多くの観光客が訪れます。

それでは、金沢市は、どうしてＳＤＧｓの推進に取り組むことになったのでしょうか。金沢市のＳＤＧｓ推進を行政側でリードする市企画調整課長の高桒宏之さんに尋ねました。

「まず、公益社団法人金沢青年会議所（以下、金沢ＪＣ）や、国連大学サステイナビリティ

高等研究所いしかわ・かなざわオペレーティング・ユニット（以下、ＯＵＩＫ）、企業や大学も含めて、市内にＳＤＧｓ推進に積極的に取り組んでいる主体が多かったことが挙げられます。次に、金沢市は景観や文化の保全に取り組んできましたが、新幹線開業によって多くの人が訪れることを歓迎する一方、急激な都市開発などによって環境や社会に負荷がかかり、長い期間をかけ培われてきた資源が短期的に消費されてしまうことで、経済・環境・社会のバランスが崩れてしまう懸念がありました。そこで、市民生活と、観光や都市開発とのバランスを取るために、ＳＤＧｓが役立つのではないかと考えました」と教えてくれました。

こうしてＳＤＧｓの活用に向けて動き出した金沢市は、18年7月、持続可能な地域社会の創出を図るため、金沢ＪＣとＯＵＩＫと三者で共同研究に関する協定を締結しました。

そして、金沢らしいＳＤＧｓの推進に向けた5つの方向性をまとめ、19年3月に「金沢ＳＤＧｓ共同宣言」として発表しました。

IMAGINE KANAZAWA 2030

これを受け、2019年4月から「ＩＭＡＧＩＮＥ ＫＡＮＡＺＡＷＡ 2030」と

SDGsカフェの様子（出展＝金沢市ウェブサイト）

題したプロジェクトが動き出しました。このプロジェクトは、気軽に参加できるセミナー（①SDGsカフェ）、金沢独自の将来像や評価基準を議論するステークホルダー会議（②SDGsミーティング）、イベントや情報を発信するオンラインプラットフォーム（③公式facebookページ・日英2言語対応の公式ウェブサイト）の3本柱で構成されています。

SDGsカフェでは、2030年の金沢市の姿を「教育」「交通」「スポーツ」といった幅広い視点から捉え直す機会を提供しています。

SDGsカフェの良さについて、市企画調整課の笠間彩さんは『スポーツ』や『交通』のような身近なテーマに、多面的な特徴を持つSDGsをかけ合わせることで、幅広い参加者層を得ることができ、新しい対話が生まれます。つまり、SDGsにあまり関心のない人、逆に、スポーツや交通に関心がない人、双方にとっての参加しやすさにつながっています」と教えてくれました。

筆者が「スポーツとＳＤＧｓ」をテーマに開催されたＳＤＧｓカフェに参加した際には、高校生や大学生の参加者も多く、「ＳＤＧｓは聞いたことはないけれど、ツエーゲン金沢（サッカー・Ｊリーグ所属）を応援しているので参加しました」という参加者に出会ったことが印象に残っています。

このように、ＳＤＧｓと何かをかけ合わせることで、片方だけをテーマとしていては生まれない相乗効果を得ることができるのです。

「金沢ミライシナリオ」

「5つの方向性」では、経済・社会・環境のバランスを意識した統合的な課題解決に、金沢市の特徴を反映させ、「自然、歴史、文化に立脚したまちづくり」や「環境負荷の少ない資源循環型社会」といった目指す姿を明確に示しています。これを具体的に実現するための行動計画の作成に向けた動きも活発で、「ＳＤＧｓミーティング」が議論の場となっています。

19年7月から5回にわたって、市民・専門家らが一緒に課題を出し合い、金沢市の理想の将来像を描きながら、その達成に至るまでの道筋を議論しました。その成果である「SDGs行動計画（案）」は、ウェブサイトで公開されており、意見を公募したところ、45件の建設的な意見や提案が寄せられるなど、実際に会議に出席できなかった人も、作成過程に参加することができるようになっています。

市民の声を計画に反映させる

このように、現実空間とオンラインの両方を活用しながら、市民の声を反映させた計画を作ることが、透明性を担保し、市民がこの計画に愛着を持つきっかけになります。その後、集まった意見をもとに修正が施され、名称を「金沢ミライシナリオ」に変えて、より親しみやすく磨き上げられています。この「金沢ミライシナリオ」は、行政側でたたき台を一切作らずに、一から市民や専門家が対話を重ねて作成されています。

ほかにも、市内の高校生を対象に、SDGsで掲げられる課題に対して自分たちに何ができるか、大学生や社会人のメンターと対話しながら研究・発表するアクティブラーニング型の教育プログラムを提供し、次世代の育成にも力を入れています。

これらの画期的な取り組みについて、笠間さんは「自由な発想で幅広い関係者とプロジェクトを進めていけるところに、これまで関わった仕事と違う魅力を感じます。進め方の前例がないことに難しさを感じることもあります。前例踏襲であれば、あえて『ＳＤＧｓを活用して取り組む』と内外に表明せずとも、これまでやってきた施策を粛々と継続すれば良いはずです。大事なのは、ＳＤＧｓに取り組むことをきっかけに、発想を転換し、これまでの枠組みにとらわれない行動を起こすことだと思います。また自分自身がＳＤＧｓの視点を得ることは、新たな気づきと、それに対する自信につながります。例えば、諮問会議を設ける際、女性や若者の意見が反映されるような委員の構成を心掛けたり、環境に配慮して会議でペットボトルを用意するのをやめたりと、慣習の変更にも自信を持って取り組むことができます」と語ります。

多様なステークホルダーの連携

こうした多様なステークホルダーの協力を得てＳＤＧｓを推進する上で、どのような難しさがあったのでしょうか。ＯＵＩＫ事務局長の永井三岐子さんは、「パートナーシッ

写真左から髙桒さん、永井さん、笠間さん

プは目に見えないので、どのように見える化するか非常に苦心しています。また、ジェンダー平等や世代間のバランスなども考慮して審議会の委員を検討するなど、市の担当課が丁寧に取り組んでくれました。こういった調整は時間がかかりますが、はじめに土台を作った分、その後の加速につながっています」と話してくれました。

金沢市の継続的に幅広いステークホルダーの意見を集め、市民が楽しみながら行動計画等に参加してくれる仕組みを実践する取り組みは、多くの自治体の参考になるはずです。

髙栞さん、笠間さん、永井さんに聞いた自治体SDGs推進のコツ

庁内でSDGsを広めるコツはありますか?

SDGsを庁内で周知する際には、併せて『各部局でこういう使い方をしてみてください』と伝えることにしています。例えば、環境問題に関する情報を市が発信したとき、環境問題に関心がない人には届いていないことが多いという悩みがあります。一方、そうした情報は、関心がない人にこそ届けたいということも事実です。

そこに、広範な分野を守備範囲とするSDGsを使うことで、より幅広い市民の関心を引き付けることができます。こうした課題はどこの部署も抱えていますので、**『担当課のみなさんが悩んでいた課題の解決に役立ちますから、SDGsを活用してはいかがでしょうか』と、原課のニーズを満たしながら進めていく**ことが、庁内でSDGsの良さを伝えていくコツだと思います。(髙栞さん)

自治体がＳＤＧｓを活用する際のコツは何ですか？

ＳＤＧｓの存在は、庁内外の多様な主体と協力して課題の解決手段を考えるきっかけになります。面倒なものではなく、新たな道具を手に入れたと捉えることが大切です。また、ＳＤＧｓに取り組むにあたって何を実現したいのか、例えば、『市民協働の加速』や『縦割りの解消』のように、**自分たちがＳＤＧｓへの取り組みを通して手に入れたい『新たな価値』を明確に設定してから始めること**がコツです。（笠間さん）

自治体と一緒にＳＤＧｓを推進する際のコツは何ですか？

自治体と二者で取り組みを進めようとすると、どうしても行政と事業者のような関係になり、互いに責任を分担してしまいがちです。金沢の事例では、市とＪＣ金沢、そして国連大学の三者で、一緒にＳＤＧｓについて学びながら取り組みを進めてきました。このように、**三者以上の多様な特徴を持った主体が、共同体のようになって推進していく**ことがコツだと思います。（永井さん）

事例② 亀岡市（京都府）

持続可能な環境先進都市に向けた全国初の「レジ袋禁止条例」

レジ袋禁止条例とＳＤＧｓの関係

金沢市と同様に、２０２０年度の「自治体ＳＤＧｓモデル事業」に選定された亀岡市は、京都府で３番目の人口（約8万8千人、２０２０年現在）を抱え、京都市、高槻市（大阪）に隣接している都市です。戦国武将・明智光秀ゆかりの史跡が多く、ＮＨＫ大河ドラマ「麒麟がくる」の舞台のひとつでもあります。

２０２０年３月24日、「亀岡市プラスチック製レジ袋の提供禁止に関する条例（以下、レジ袋禁止条例）」が市議会で可決、成立したというニュースが全国を駆け巡りました。

２０２１年１月に施行される条例の内容は、有償無償を問わず、市内事業者のプラスチック製レジ袋の提供を禁止する、そして、紙袋や生分解性の袋であっても、無償での配布は禁止するというものです。同年6月以降は、違反した事業者が市の立ち入り調査や是正勧告に従わない場合、市は事業者名を公表できるとしています。

レジ袋禁止条例をＳＤＧｓの文脈で考えてみると、「持続可能な消費と生産（ゴール12）」や、近年国際的にも注目を集める「海洋プラスチックごみ問題（ゴール14）」と深く関係しています。その解決には、沿岸部の自治体による「海岸清掃」や「海洋ごみの回収」といった打ち手が思い浮かびますが、亀岡市は内陸部の自治体です。なぜ沿岸部の自治体に先駆けてレジ袋禁止条例が成立したのでしょうか。

海洋プラスチックごみはゴール１４の文脈でも注目される課題

条例制定の背景

その背景には、市の中央部を貫流する保津川が関係しています。亀岡市と名勝・嵐山を結ぶ川下りで知られる保津川は、年間22万人（２０１７年）の観光客が訪れる重要な地域資源ですが、以前から漂着するプラスチックごみに悩まされていました。

２００４年に「保津川下り」の船頭を中心に清掃が始まり、２００７年にはＮＰＯ法人プロジェクト保津川が組織されています。同法人の代表理事を務め、プラスチック研究の第一人者である大阪商業大学准教授の原田禎夫さんは、「海に流れ込むプラスチックごみのほとんどは、川を通じて流れ出した内陸地域の生活ごみです。また、回収される河川ごみの大半は、プラスチック製の食品の容器包装類が占めているのです」と指摘します。

こうした背景から、内陸部の自治体として初めて「海ごみサミット」を２０１２年に開催するなど、環境保全に取り組んできた積み重ねが亀岡市にはあります。しかし、レジ袋禁止条例の成立に向けた道のりは決して平坦ではありませんでした。

２０１８年12月、市は「かめおかプラスチックごみゼロ宣言（以下、プラごみゼロ宣言）」を発表しました。そもそも、市はプラスチックやレジ袋自体が悪いと捉えているのではなく、「使い捨て」という特徴に問題があると捉えています。そこで、プラごみゼロ宣言では、「エコバック持参率１００％を目指す」、「プラスチックごみを１００％回収する」などの具体的な目標が設定されています。この宣言を足がかりに、住民や事業者向けの説明会を開くなどして、市はレジ袋禁止条例の成立を目指しました。

しかし、事業者からは、「思いつきで政策をされても困る」、「目立つためだけのパフォー

亀岡の豊かな自然を象徴する霧をモチーフにした「かめおか霧の芸術祭」PRシャツを着る亀岡市の仲山副市長（左）と環境政策課の山内課長（=亀岡市提供）

マンスではないか」といった声も寄せられたといいます。こうした経緯から、副市長の仲山徳音さんは「対話や議論を重ねつつ、条例のようなルールを設けないと、状況を変えることは難しいと実感しました」と語ります。

２０１９年４月には、レジ袋禁止条例を具体化すべく、市内事業者を中心とした「世界に誇れる環境先進都市かめおか協議会（以下、協議会）」が設置されました。同年9月まで6回に及ぶ集中的な会合での議論を経て、レジ袋禁止条例の素案が形作られました。

住民とともに亀岡を世界に誇れる環境先進都市に

一方で、亀岡市内での住民説明会などへの女性や若者の参加は多くありませんでした。

そこで、2018年から通年で開催されている市内のアートイベント「かめおか霧の芸術祭」の一貫として「KAMEOKA FLY BAG Project」を開始しました。市内の造形作家や東京で活躍するデザイナーと連携し、年数経過等により廃棄予定であったパラグライダーの生地を回収・再利用し、2019年7月に巨大なエコバッグを作成・展示していきます。さらに、その生地を使って、マイバッグを作成する「FLY BAGワークショップ」を10月に開催。若者や親子連れなど200名が集まり、マスメディアでも注目を集めました。

このように、亀岡市はアートやデザインの力を使うことで、環境政策に対する見方を変えることに成功しています。

SDGsで相乗効果をねらう

プラごみゼロ宣言の発表を受け、SDGsを活用したいと考えた仲山副市長は、その第

KAMEOKA FLY BAG Projectの様子（=亀岡市提供）

一歩として、環境省の「平成31年度 環境で地方を元気にする地域循環共生圏づくりプラットフォーム事業」に応募、選定されたことを皮切りに実績を積んでいる段階だと言います。「今まで以上に利害関係者との結束を強め、プラスチックごみを減らし、分野を超えて政策との相乗効果を生み出していきます」と、その決意を語ってくれました。

しかし、亀岡市にとっては、この条例成立はゴールではないようです。担当課として政策を推進する環境政策課長の山内剛さんは「レジ袋を使用しないことが当たり前になって、条例が不要になることこそが目指すべきことで、それこそ先進都市だと思います」と語ります。

持続可能な環境先進都市を目指す亀岡市の取り組みは、ますます加速していく予感がします。

仲山さん、原田さんに聞いた自治体SDGs推進のコツ

自治体がSDGsの達成に向けて取り組む際に、気をつけることはありますか？

SDGsに限らないことですが、目標達成の過程で、**条例のように制約を課すアプローチと、市民の行動を促すアプローチを両面で進めていく必要がある**と感じています。前者のような「ルールメイキング」は行政機関が担う重要な役割です。一方で、根拠があるからといって必ずしも人が動くわけではありません。そこで、ナッジ（※）を活用した打ち手と組み合わせることで、ルールの押し付けにならないように注意しています。（仲山さん）

※ナッジ（Nudge）：相手の注意を引くために肘でそっと突くように、その人の心理に働きかけて、行動を科学的に変容させること

自治体と一緒に地域課題を解決する際に、どのようにSDGsは役に立ちますか？

SDGsの全ての目標は、それ自体は「取り組んで当たり前」のことです。地域が抱える課題の解決に多少の優先順位の差はあったとしても、市民も企業も行政も、全ての目標を実現しないといけないことは言うまでもありません。ただ、自分たちの地域の強みと弱みを客観的に見ることは意外と難しいものです。そうしたときに**SDGsを通して地域を見つめ直すことで、地域と世界との関係性が明らかになり、進むべき道を見出せると信じています。**（原田さん）

事例③ 内子町（愛媛県）

SDGsを盲目的に取り入れるのではなく、その本質と向き合う

持続可能性を模索してきた歴史

内子町は、愛媛県の中央部に位置し、町域の約8割を森林や山地が占める自然豊かなまちです。2005年に2町と合併し、人口約1万6千人（2020年現在）が暮らしています。

1970年代の高度経済成長期には、老朽化した施設を取り壊し、新たな施設を建設する動きが全国で主流となっていましたが、町役場の職員が先頭に立ち、住民とともに歴史的景観を維持する「町並み保存」が展開されました。その後も、町は「町並み、村並み、山並みが美しい持続的に発展するまち」を目指して、町並み保存だけでなく、農村景観の

SDGsの策定プロセスから関わる堀江さん（＝ご本人提供）

保全、山の環境保全、先進的な環境政策などを続けてきました。

内子町のまちづくりで特徴的な点は、行政と自治会の密接な関係でしょう。内子町内に41ある自治会すべてが、10年先の未来を描く「地域づくり計画書」を策定しており、それらを基に町の総合計画が策定されています。

総務課で総合計画の策定において中心的な役割を担ってきた畑野亮一さんは、「協働という言葉を１９８０年代の終わりから使って、住民と一緒にまちづくりを進めてきた土壌が内子町にはあります。八日市護国伝統的建造物群保存地区では、町の出先機関と住民組織である八日市護国地区町並保存会の事務所を兼ねた活動拠点である『八日市・護国町並保存センター』を設置して、様々な情報をダイレクトに住民に伝えるようにしています」と教えてくれました。

内子町がSDGsの推進に取り組むことになったきっかけは、市民からの働きかけでした。町のSDGs推進で中心的な役割を担う堀江由美子さんは、国際NGOセーブ・ザ・チルドレン・ジャパンに所属しSDGsの策定プロセスにも市民社会の立場で関与してきた専門家です。

「2015年4月に内子町へ移住した際に、持続可能な地域づくりが掲げられ、住民が積極的にまちづくりに参画していたり、年度予算や職員給与が町の広報紙で公開されていたりと、マルチステークホルダーや透明性といったSDGsが目指す社会との親和性を内子町の随所に感じました。そこで、町長にSDGsについてお話したのがきっかけです」と、堀江さんは話してくれました。

SDGs採択からわずか2カ月で動き出す

SDGsの採択からわずか2カ月後の2015年11月、堀江さんは四国の仲間とともに、

「四国版ローカルSDGsをつくろうin内子」（2017年９月）で撮影された集合写真（提供：堀江由美子さん）

「ローカルＳＤＧｓ？ｉｎ内子町」と題したフォーラムを、内子町と共催で開催し、町長をはじめとした役場職員、環境省の職員、ＮＰＯといった多様な参加者が、内子町の内外から35人ほど集まりました。内子町が進める先進的な取り組みをＳＤＧｓの文脈で国内外に共有することの重要性や、目標と現実のギャップがある点はＳＤＧｓの視点を取り入れて改善していくことが必要であるという実感をこのときに得たと言います。

こうした内子町の取り組みは、「平成29年版環境白書」や2017年の「国連ハイレベル政治フォーラム政府報告書」で地域における事例として紹介されるなど、注目を集めてきました。その後も、ＳＤＧｓをテーマにした庁内研修の講師を堀江さんが務めるなど、確実に歩みを進めています。

まちにとって最適な方法を考える

内子町では、２０１５年度から24年度の10年間を対象として、町の方向性を示す「第２期内子町総合計画」が策定されており、20年度からの5年間を対象とする後期計画を19年度に策定しました。

策定にあたっては、１０００人規模の住民アンケートでまちの課題を明らかにし、役場の若手職員と住民による検討チームが組織されました。各メンバーは、環境や防災といった分野別に設置された「内子のミライ・ワーキンググループ」と、地区別に設置された「ミライ・サロン」に参加して議論を重ねました。また、初めての試みとして、市内すべての中学校・高校で「学校別未来づくりワークショップ」を実施し、まちの未来を担う将来世代からの意見も取り入れています。こうした過程を経て、理想とする町の姿を体現する象徴的な12の事業群である「ミライ・プラン」を設定しています。

一方で、後期計画で各施策が貢献するＳＤＧｓのアイコンが明記されているものの、現状では、ＳＤＧｓは町の政策の中心に位置づけられていません。

「国際的な課題はもちろん重要ですが、町の総合計画は、地域課題の解決を図るものです。

総合計画のワークショップを進行する畑野さん（＝ご本人提供）

計画の準備期間に1年という時間的な制約がある中では、ＳＤＧｓを理解することに時間を割くことで、本筋である地域課題の検討までたどり着けないという葛藤を感じました」と畑野さんは語ります。

総合計画へのＳＤＧｓの反映を考える自治体の中には、後期計画の改定時期にあたる自治体も多いでしょう。その場合、新たな計画の策定と比べて、短期間で準備を行うことも想定され、ＳＤＧｓの浸透を図る段階を含めたスケジュールを検討する必要性が示唆されます。

また、畑野さんは、「ＳＤＧｓ

がない時代から『エコロジータウン』や『村並み保存』といったように、先人がその時代にふさわしい言葉を選んできた積み重ねがあります。ＳＤＧｓという言葉で一気に上塗りしてしまわずに、そうした歴史も大切にする必要性も感じています」と続けます。

さらに、「内子町が取り組んできたまちづくりは、ＳＤＧｓを先取りしているように感じました。例えば、小学校や中学校の校舎は、地元の木材を使って建築され、町内産のペレットを使用するバイオマスボイラーを設置して循環型のまちづくりを体現しています。ＳＤＧｓ以前から取り組んできたまちづくりがあるので、無理にＳＤＧｓに当てはめようとする必要性は感じませんでした」と話してくれました。

内子町の事例は、ＳＤＧｓを盲目的に取り入れるのではなく、その本質と徹底的に向き合い、試行錯誤を繰り返しながら、まちにとって最適な方法を考えていくことの重要性を、改めて自治体に問いかけてくれます。

畑野さん、堀江さんに聞いた自治体ＳＤＧｓ推進のコツ

━自治体がＳＤＧｓを活用する利点には、どのようなことがありますか？

内子町は、ＳＤＧｓ以前から「持続可能なまち」をキーワードに取り組みを続けてきましたが、もしそうではない自治体であれば、ＳＤＧｓをきっかけに方向転換を図ることができます。**ＳＤＧｓの視点を使って、町の施策に足りない点をあぶり出すことができますし、幅広い分野を統合的に捉えるという「システム思考」は、自治体職員が備えるべきものですので、職員教育にも有効**だと思います。（畑野さん）

━住民側がＳＤＧｓを自治体とともに推進するときに、気をつけるべきことはありますか？

自治体が、総合計画等の各種計画や報告書などに、ＳＤＧｓのロゴを形式的に貼っ

てしまうのではなく、「誰一人取り残さない」というＳＤＧｓの理念や、三側面を統合的に検討するといったＳＤＧｓの本質と向き合うプロセスを、自治体と住民で共有すべきだと思います。

できれば、ＳＤＧｓを内子町の総合計画に取り入れたいと思っていました。とはいえ、**これまでの内子町が積み重ねてきた歴史・経緯を大事にするという視点は忘れてはいけませんし、推進する立場の住民も「ＳＤＧｓは大事だから」と、振りかざさないように気をつける必要があります。**（堀江さん）

Column 3

北陸における「自治体×SDGs」の推進拠点

事例１に登場した「国連大学サステイナビリティ高等研究所いしかわ・かなざわオペレーティング・ユニット（以下、OUIK）」は、2008年に設立された国連機関です。

本書でご紹介した金沢市と連携した取り組みをはじめ、北陸地方の自治体におけるSDGsの推進に中心的な役割を果たしています。

2019年12月には、SDGs実施について北陸地方からの提言として発信するために「北陸SDGsステークホルダーミーティング」を主催するなど、OUIKは、多様なステークホルダーと協働したSDGsのローカライズ（地域適用）を進める拠点として注目されています。

自治体も含めた多様なステークホルダーと協力して、地域にSDGsを引き寄せている（出典＝OUIKウェブサイト）

OUIK事務局長 永井三岐子さんは、自治体へのメッセージとして次のように述べています。

「SDGsでは、各ゴールが動的に影響しあって、持続可能性につながっていきます。自治体の業務はすべてSDGsに関連しますが、SDGsのように相互の相乗効果やトレードオフを意識して各部局の事業が執行されると、新しい学びや価値創造につながります。そして、そのプロセスは自治体職員にとっても、楽しい学びとなるはずです」

事務局長の永井さん

第4章

あなたの部署は何ができる？

事例① 企画・総合政策部門

ＳＤＧｓで複数課題の同時解決と全体最適を図る

一緒に考えてくれる人：石黒　大介さん（静岡市企画局企画課）

石黒さんの仕事

２０１８年度のＳＤＧｓ未来都市に選定された静岡市は、人口約70万を抱える静岡県の県庁所在地です。古くから駿府城下と清水港を中心に栄え、現在では「お茶」や「プラモデル」といった多様な産業で知られる東海地方の中枢都市です。

石黒さんは、入庁して17年目、企画課に在職して3年目を迎えます。現在は、主に総合計画の定期的な確認・見直し、及びその進捗管理と、まちづくりの全体構想の検討のほか、

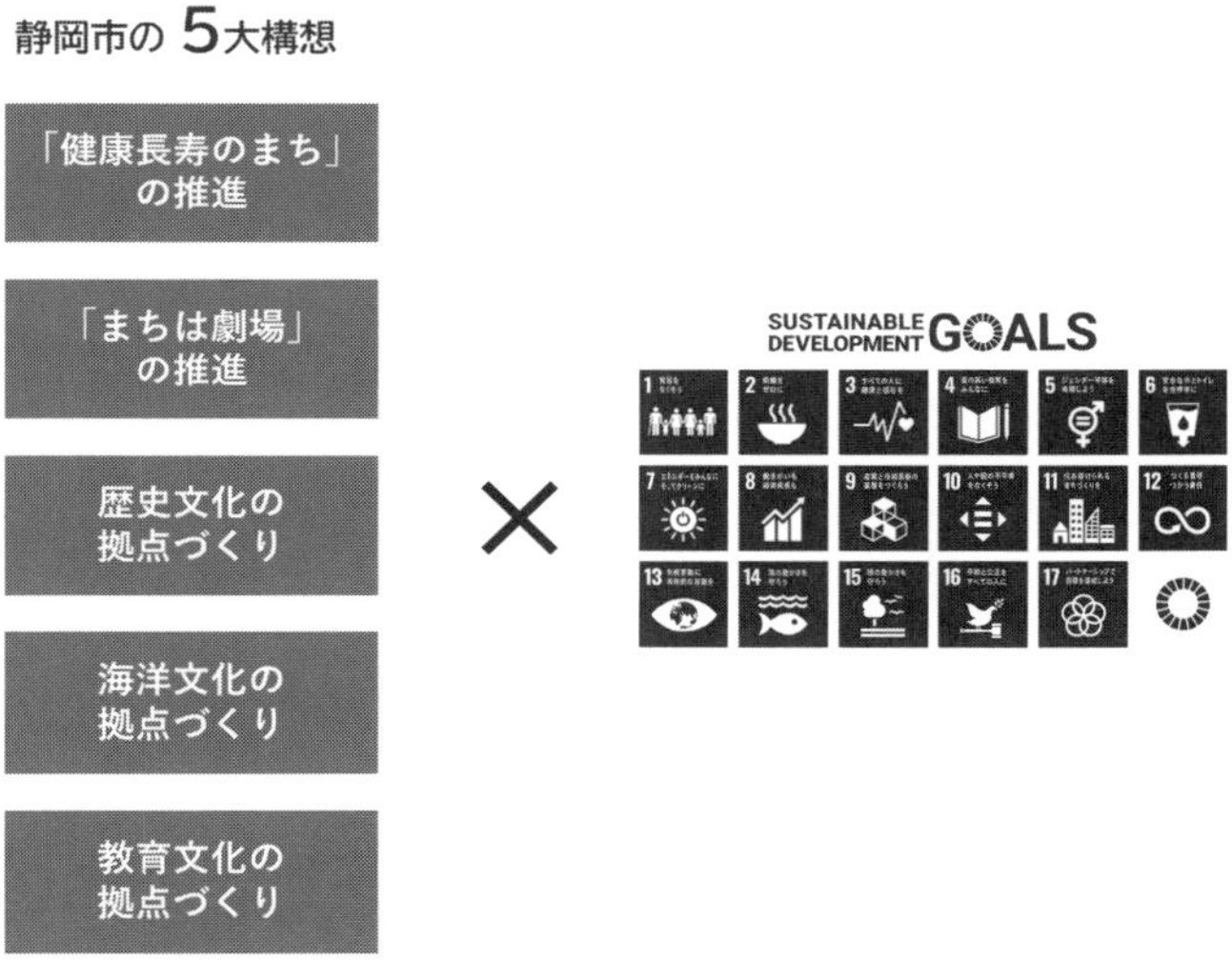

静岡市の最上位計画である５大構想にSDGsを反映させる

庁内の行政評価制度の検討等を担当しています。

ご自身の仕事について、石黒さんは「都市の将来デザインを描く計画策定や評価などの仕組みの構築をしながら市長の意思決定を補佐するとともに、各部署の連携を下支えし全体最適を担う、組織全体をコントロールする業務が中心。いわば、市の骨格づくりを担う部署で、非常にやりがいを感じています」と語ります。

SDGsに関連する取り組み

①SDGsの理念を反映した総合計画

静岡市は、市の第３次総合計画のうち

優先的に進めるプロジェクト群である「5大構想」を推進しており、2018年度から、この5大構想にSDGsを組み込むべく検討を続けています。

計画にSDGsを反映させる過程では、担当課との調整が欠かせません。普段なら計画の見直しは容易ではありませんが、石黒さんが「SDGsの観点から、こういった点を変えてもらうことはできませんか」と各課の担当者に相談すると、「これを機に取り組んでみるよ」といった前向きな反応が見られるそうです。

「事業の担当課も日頃から『事業を改善しよう』と思っていますが、法律や慣習の壁を目の当たりにして、変えることができない状況に陥っていることが多いのです。そこに、SDGsという『大義名分』による後押しを得ることができました。SDGsが何か変えられる方法はないかと検討する機会と、新たな視野を与えてくれるように思います」と、石黒さんは語ります。

例えば、文化振興(ターゲット8・9)のために何かイベントを開催すれば、市内外から多くの人が集まり、経済的な効果が見込まれる反面、投棄されるごみに悩まされるというトレードオフに直面します。

このケースでは、「SDGsのターゲット12・3にあるように、露店のフードロスを削減したり、ターゲット12・5にあるようにリサイクルを推進したり、何か工夫ができないか」と、ＳＤＧｓをヒントにして、政策立案の段階で課題を同時解決する道筋を考えることができます。

事業を改善するヒントは、実は担当者の意識の外にあることが多いものです。産業振興の部署であれば、ゴール８の産業振興に関する仕事、といったように、自分が所属している部署の範囲で課題解決を検討しがちですが、ＳＤＧｓでは、残りの16のゴールが多様な切り口を与えてくれるので、これまでにない角度から業務をチェックできます。

分野横断的な特徴を持つＳＤＧｓを用いることで、企画課の役割である「他の部署のフォローアップをしながら各部署に横串を指すような全体最適のマネジメント」も進めやすくなります。

関連するターゲット　11・3／16・b／17・14

②新たな行政評価制度の構築

業務で違和感を覚えたことはないですかと尋ねると、石黒さんは「企画課だけに限りませんが、一度決定されてしまったことは、長期間変えにくいことです」と話してくれました。

例えば、計画していた事業を実施する間に、計画策定時の想定と違う方向に社会状況が変化したり、新たな課題が顕在化したりすることはあります。しかし、行政組織では、当

新たな行政評価制度を模索する石黒さん（右）

初の計画を柔軟に変更することは簡単ではありません。自然災害や新型コロナウイルスの感染拡大といった未曾有の事態は別として、一度決定した計画などの変更に関するジレンマは、行政職員が感じている代表的な違和感のひとつではないでしょうか。

そこで、石黒さんは、政策の一貫性を担保すべく、既にロジック・モデル※や政策評価を活用して、目標達成に向けた仕組みを再構築しようと取り組みを始めていると言います。

説明責任を担保するだけでなく、業務改善を志向する行政評価制度を構築することは、持続可能なまちづくりに必要な取り組みです。SDGsの特徴でもあるバックキャスティングのアプローチを活用して、目標達成に向けた道筋を可視化することで、論理的な正当性を明らかにし、「変化を前提とした政策形成」を実現することができれば、ＳＤＧｓはもちろんのこと、市の政策もさらに加速するはずです。

関連するターゲット　16・6／17・14／17・18

今後の展開とさらなるアップデートの可能性

「業務を進めるにあたっては、その法的な論拠などを押さえながら進めるのですが、その点にばかり注力してしまうと、視野が狭くなり、無意識のうちにできない理由を探そうとしてしまう点にもジレンマを感じます」と石黒さんは続けます。

国で決められた法律の制約がある一方で、移り変わりの激しい現在にあっては、既存の法律や様々な制度が地域の実情などの現実から乖離している場面も見られます。それにも関わらず、それらの制約により組織として、自ずと進むべき方向が限定されてしまい、地域の実情を細やかに反映した仕事をすることが叶わないこともあるのではないでしょうか。

「法律で決まっているから」といった拠り所を作って思考停止になるのではなく、まちにとっての最適解を懸命に考えるために、石黒さんはＳＤＧｓを活用して計画段階からまちづくりを変えようと試みています。

※ロジック・モデル：ある施策がその目的を達成するに至るまでの論理的な因果関係を明示したもの。文部科学省（https://www.mext.go.jp/a_menu/hyouka/kekka/06032711/002.htm）。「施策の論理的な構造」を可視化することで、問題点などを明らかにし、施策の改善に用いることができる。

事例②　環境部門

長期的な時間軸で自治体の未来を考える

一緒に考えてくれる人：佐竹 輝洋さん（札幌市環境局環境都市推進部環境政策課）

佐竹さんの仕事

２０１８年にＳＤＧｓ未来都市にも選ばれた札幌市は、約１９７万人が暮らす北海道の道庁所在地であり、北海道における経済の中心地としても栄える大都市です。多くの人から「ＳＤＧｓ博士」と呼ばれ、自治体の枠を超えて活躍する札幌市職員の佐竹さんと、環境部門の取り組みをＳＤＧｓの観点から考えていきます。

２００８年に環境政策課（旧称：推進課）に着任した佐竹さんは、２０１２年度から2年間環境省に出向していました。この経験を通じてＳＤＧｓに関心を持った佐竹さんは、後述する環境基本計画にＳＤＧｓを結び付けたいと考えました。

ＳＤＧｓに関連する取り組み

①　環境基本計画にＳＤＧｓを反映

ＳＤＧｓをきっかけに、多くの人に環境問題やサステナビリティについて考えてもらいたいと考えた佐竹さんは、２０１８年３月に策定した「第２次札幌市環境基本計画」にＳＤＧｓの

「SDGs博士」の佐竹さん

達成を位置づけられるよう、庁内の会議や外部会議である環境審議会などでの数多くの議論を重ね、この計画の策定を進めていきました。

この計画では、環境施策の推進をＳＤＧｓの達成につなげていくことや、環境以外の分野での成果も同時に得られる取り組みを進めることも記述されています。また、計画における将来像としてＳＤＧｓの実現に向けた２０３０年の姿と、関連するＳＤＧｓのターゲットも明確に示されています。

しかし一見、順調に見える取り組みですが、庁内からは「なぜ国連が決めた目標に札幌市が取り組む必要があるのか」という反応もあったようです。

「ＳＤＧｓの市政への反映は、２０１６年頃から考えていました。そこで、市内のＳＤＧｓに関連したイベントの開催や庁内での研修会などを企画し、職員や市民にＳＤＧｓを理解してもらえるように努め、賛同を広げていきました」と佐竹さんは教えてくれました。

関連するターゲット　13・2／13・3／17・14＋バックキャスティング

②中小企業の支援を気候変動対策につなげる

環境政策課では、市内の中小企業向けにＳＤＧｓを活用したブランディング支援も行っています。企業のブランディング支援と聞くと、産業振興部門が所管するように思えますが、北海道は積雪寒冷地であり、暖房に多くのエネルギーを使用するため、環境部門が所管する「省エネ」や「低炭素社会の実現」と企業活動は密接に関係しています。

さらに、エネルギー源の灯油の原産地は中東諸国、天然ガスはロシアといったように、資金が域外に流出してしまうのです。そこで、地域の木材を燃料としたペレットストーブや再生可能エネルギーを用いることで、環境負荷を低減するだけでなく、域内で経済を循環させるよう促しています。

これまで環境部門が行ってきた「暖房エネルギーを削減しましょう」という呼びかけで

はなく、「外に出すお金を減らそう」と促して環境負荷を減らすアプローチは、経済・社会・環境の三側面を統合的に捉えるＳＤＧｓの特徴を理解しているからこそ考えられます。

実際にＳＤＧｓを意識した大手企業は増加しているので、サプライチェーン上の中小企業もＳＤＧｓやゼロ・カーボンの達成に向けた取り組みを実行しなければ、いずれ仕事を受注できなくなる可能性もあります。

佐竹さんは、「これまで、環境部門は環境以外のことはできないと、逆に環境のことは環境部門が全部やるという縦割り意識がありました。しかし、ＳＤＧｓを活用すれば、分野横断的かつ長期的な目線で業務を捉えることができます」と教えてくれました。

関連するターゲット 7・2／8・3／9・4／13・3／17・16／17・17

③環境×観光×産業――「縦割りを超えた連携」

従来の分野を超えた取り組みは、企業支援にとどまりません。

環境政策課では、ＳＤＧｓを紹介するリーフレットを作り、札幌市のＳＤＧｓに関連した取り組みを紹介するだけでなく、「ホテルではこまめに電気を消そう」「アイヌ民族について学んでみよう」といった観光客に向けたＳＤＧｓアクションも紹介しています。

「札幌市にとって、観光業は大きなまちの『売り』です。単に温泉に入れるとか、観光

札幌市のSDGsに関する取り組みをまとめた『札幌市SDGsリーフレット』

名所がある、といったことだけではなく、欧州からのインバウンドを狙うには、サステナビリティがキーワードになります。そう考えれば、環境はサステナビリティの土台ですから、環境局から発信してもよいと思っています」と、佐竹さんは話してくれました。

関連するターゲット　8・9／17・16／17・17

今後の展開とさらなるアップデートの可能性

佐竹さんは、SDGsの達成には、中小企業と若者の力が重要だと言います。札幌市は、市内企業のほとんどが中小企業で、都内の大手企業に就職するために札幌を離れる若者も多くいます。今の若者がサステナビリティに関心があっても、それを実践する企業が市内になければ、東京に人材が流出し続けます。その現状をかえるために、企業との連携や若者の支援が必要なのです。多くのターゲットに含まれているように、若者が意思決定の場に参加できるようにすることは、重要なアップデートのポイントでしょう。

また、佐竹さんは、自治体にもブランディングが必要だと言います。

「人口減少と少子高齢化で税収は減る一方です。その中で、サステナビリティに関心のある優秀な人材を獲得するためには、自治体も企業もサステナビリティを意識していることが前提条件です。そのために、ＳＤＧｓを活用してまちの価値を高めることが、サステナビリティを高めることにつながるのではないでしょうか」

行政も目の前の課題だけに捉われるのではなく、将来世代への影響も含めた長期的な時間軸で検討をしてみると、取り組むべきポイントも見えてきます。

佐竹さんのように自治体職員がＳＤＧｓを活用できるかどうかが、まちの将来に大きく関わってくるはずです。

事例③ 公営企業（上下水道・ガス）

ＳＤＧｓを活用して「蛇口の向こう側」が持つ価値を伝える

一緒に考えてくれる人：仁志出彰子さん（大津市企業局経営戦略室広報戦略グループ）

仁志出さんの仕事

水道、交通、病院といった自治体が経営する企業活動体を「地方公営企業」と呼びますが、市長部局にいる間は、その業務をイメージできないという職員も多いのではないでしょうか。

住民に欠かせない生活インフラを担う企業局のＳＤＧｓを起点にした取り組みについて、大津市企業局でＳＤＧｓ推進に取り組む仁志出さんと考えました。

SDGsを推進する仁志出さん

　上下水道とガスを運営する大津市企業局の経営戦略室に、仁志出さんが異動したのは、２０１８年のことでした。現在は、同室に今年度から新設された広報戦略グループで、広報戦略の策定や広報紙の発行、水道をＰＲするイベントの開催等に取り組んでいます。

　市長部局の広報との違いについて仁志出さんに尋ねると、「庁内各課から来た記事をまとめ、市民に情報発信する機能を担う市長部局の広報に対して、企業局はサービスの向上と経営という観点に立ち、顧客である市民から上下水道やガスへの理解を得られるよう広報する視点が必要です」と教えてくれました。

ＳＤＧｓを活用した取り組み

① バックキャスティングのアプローチを広報戦略に活用

　仁志出さんは担当する広報戦略に、ＳＤＧｓの特徴であるバックキャスティングのアプ

幼稚園の卒園製作で作られたマイボトル

ローチを活用しました。

新たな広報戦略には、「くらしを支えるパートナーであり続ける」という未来の実現に向けて優先すべき行動には、「お客様とのコミュニケーション」が位置付けられています。

既存の広報戦略に顧客目線を取り入れ、広報紙がラックに収納されても、特集内容のタイトルが見えるよう上段に配置したり、取材して記事を書くことで技術的な専門用語をなくしたりと、多くの人に情報を分かりやすく伝え、コミュニケーションを取ることのできる工夫を奨励しています。

関連するターゲット　6・1／6・2／6・3／16・6／17・14＋バックキャスティング

②世界にひとつだけのマイボトル

マイボトルを幼稚園の卒園製作で作成し、父母に使ってもらう取り組みも昨年から開始しています。

「マイボトル活動をするにあたり、マイボトルを配布する案も出ましたが、無料だと簡単に捨てられゴミが増えてしまいます。そこで、子どもから親への思いという付加価値を付けることで、大切なものに変換すれば、大切に使ってもらえると考えました」と仁志出さんは語ります。こうした取り組みと連動して、企業局は琵琶湖畔の公園に新たに冷水機を設置するなど、マイボトルを持ち歩くライフスタイルを提供しようとしています。

関連するターゲット　6・b／12・5／14・1

③琵琶湖の水質を次世代に引き継ぐ

仁志出さんが、SDGｓのゴール4「質の高い教育をみんなに」や、ゴール12「つくる責任 つかう責任」の視点から、企業局にできることを模索していると、同僚が「浄水発生土」を紹介してくれたそうです。

浄水発生土とは、琵琶湖から取水された水を水道水にする過程で取り除いた土砂等を集めて脱水処理した土のことです。その土に堆肥を合わせることで植栽土壌になります。

市内の小中学校ではそれまで園芸用土を購入していましたが、今年度から、この植栽土壌を提供し水環境教育も併せて行うことで、次世代に水の価値を伝えようと準備を進めています。

関連するターゲット　4・7／6・3／9・4／12・5／15・3

③　LINEで水道やガスの開始・休止手続を開始

最近では、電子申請で水道やガスの開始・休止手続きを行うことができます。しかし、スマホ利用が増えているとはいえ、依然として電話や窓口で手続きをする人が96％を占めていました。

この事実に違和感を覚えた仁志出さんらが、電子申請のウェブサイトを確認すると、申請項目が難解で、複雑なものでした。これでは、面倒だから電話しようと思ってしまうのも無理はありません。そこで、従来の電子申請を廃止し、2020年6月から、通信アプリ「LINE」で手続きを行えるようにしています。

この取り組みに対して、何かアップデートできる点がないか、SDGsの観点から考えてみると、ゴール10「人や国の不平等をなくそう」の視点から、日本語が得意でない外国人にも使いやすい工夫を施す余地が考えられそうです。

関連するターゲット　16・10＋アップデートに活用できそうなターゲット：10・2

今後の展開とさらなるアップデートの可能性

冒頭で示した仁志出さんが取り組んだ戦略へのＳＤＧｓの反映は、政策に一貫性を持たせることができ、長期的な視野で政策を捉える経営層職員に響く一方、日々の業務管理に追われる中間層や技術職員にはその意図が響きづらいものです。

その場合は、「水の大切さを理解してもらうことで、住民が調理で使った油や食べ残しなどを生活排水に混入させることを削減できれば、排水処理の費用を削減できます」といったＳＤＧｓを活用することによるメリットを具体的に示すと、業務管理の中間層、技術職員にも話がより円滑に伝わりそうです。

一見順調に見える取り組みですが、仁志出さんによると、以前「マイボトル作成と水道水講座」と銘打った親子参加型のイベントで実施したものの、「水道水」というキーワードが響かなかったのか、参加者がほとんど集まらなかったという苦い経験もあるそうです。

仁志出さんは、こうした経験を糧にしながら今後も「水道水」の価値を高め、大津の水が持つサステナビリティを高めようとさらなる取り組みを続けています。

事例④ シティプロモーション部門

住民が地域を好きじゃないと、持続可能なまちは実現しない！

一緒に考えてくれる人：林 博司さん・荒井 菜彩季さん
（北本市 市長公室シティプロモーション・広報担当）

林さんと荒井さんの仕事

埼玉県の東部中央に位置する北本市は、日本五大桜に数えられる国の天然記念物「石戸蒲ザクラ」で知られる緑豊かなまちです。都心まで電車で約50分とアクセスに優れ、約6万6千人（2020年5月現在）が暮らしています。大正時代から、全国に先駆けてトマトの栽培を開始していた歴史があり、最近はご当地グルメとして「北本トマトカレー」

林さん（前列中央）・荒井さん（前列右から２人目）と市長公室のみなさん

が人気です。

市では、ＳＤＧｓを取り入れたまちづくりを進めており、企画部門（行政経営課）が2020年1月から2月にかけて、ワークショップ形式も取り入れた「地方創生に向けた若者会議」を開催し、ＳＤＧｓを通して北本市の未来をより良くする提案を集めています。

今回は、こうした行政経営とも密接に関わるシティプロモーションの分野で、市の中心的な役割を担う林さんと荒井さんとともに、ＳＤＧｓとシティプロモーションの可能性を考えていきます。２人が担当するシティプロモーションは、地域住民の愛着度を高め、北本市の関係人口の増加、移住・定住の促進、人口の流出の抑制を主な目的としています。その中から3つの取り組みをＳＤＧｓの観点でご紹介しましょう。

ＳＤＧｓに関連する取り組み

①きたもと暮らし研究会・暮らしの編集室 編集員養成講座

「きたもと暮らし研究会（以下、研究会）」は、シティプロモーション事業の推進力となる「キープレイヤーの発掘」と「チーム作り」を目的としています。２０１９年度には、5回の市民参加型ワークショップを開催し、地域資源を発掘しながら、北本のまちを舞台にどんな楽しい暮らし方ができるのか、参加者全員で考えています。

「暮らしの編集室（以下、編集室）」は、市内在住のカメラマン、江澤勇介さんが２０１９年に設立したまちづくりの市民チームです。市観光協会と連携し、編集や写真などに興味のある参加者を募集して、「北本の魅力は何か、どうすれば伝わるのか」を考える「編集員養成講座」も開催しています。

これらの取り組みについて、ＳＤＧｓの観点からアップデートできることを探してみると、10・2「年齢、性別、障害、人種、民族、出自、宗教、あるいは経済的地位その他の状況に関わりなく、全ての人々の能力強化及び社会的、経済的及び政治的な包含を促進する」という視点から「研究会のワークショップなどは、土曜日昼間に開催していますが、その時間は子育てで家から出られないといったご意見もいただいています。何らかの障がいを抱えている市民も含め、実際に現地に足を運びづらい方にも参加してもらえるように、オンラインのワークショップも併用できないか検討してみます」と2人は前向きに話してくれました。

関連するターゲット　11・3／17・16／17・17＋10・2（アップデートの可能性）

②シティプロモーション冊子「&green」

研究会・編集室での議論と、市の若手職員で構成されるシティプロモーションに特化した庁内プロジェクトチーム「きたもとグリーンラボ」での検討を経て冊子「&green（アンド・グリーン）」が作成されました。ワークショップで市の魅力として挙げられた「森、緑、人、ゆったり、自然、地産地消、安全」といったキーワードからコンセプトを生み出し、ターゲットとなる子育て世代に向けた市の魅力がまとめられた冊子は、市民から好評を得ています。

さらに、こうした取り組みの成果を、地域への推奨・参加・感謝の意欲を定量化する

北本市の魅力が詰まった冊子「＆green」は高いデザイン性も人気の要因

「mGAP（エムギャップ）」という指標を用いて可視化する取り組みも進められています。

この取り組みでも、SDGsのターゲット10・2の視点から、ユニバーサルフォントや文字の大きさといった「見やすさ」への配慮が思い浮かびます。また、冊子の中で、視覚障害者や車椅子を使用する人がアクセスしやすい飲食店の紹介や、外国籍市民が読みやすいようフリガナを振るといった「健常者の日本人」以外も対象に含める工夫を施すと「誰一人取り残さない」というSDGsの理念に合致します。

関連するターゲット　12・b／16・6＋10・2
（アップデートの可能性）

今後の展開とさらなるアップデートの可能性

北本市の取り組みは多様な市民の参画で地域の未来を考えるマルチステークホルダー・パートナーシップというSDGsの原則を体現しています。その成果について、荒井さんは「ワークショップを通じて、参加者同士のネットワークが自然とできあがり、北本市について互いに本音で話し合えるようになったことが嬉しかったです。場を作ることで、変化が生まれることを実感しました」と話してくれました。

自然豊かな北本市の魅力を発信する林さん（右）と荒井さん

市民がイキイキとした魅力的

なまちだったら、訪れてみたいという人は増加し、観光も盛んになります。その場合は、ターゲット8・9に示された「持続可能な観光業の促進」をどのように実現するか考える視点が役立ちます。このようにＳＤＧｓがもたらす視座はシティプロモーションにも有効です。

林さんは、「以前から、自治体のプロモーションは、市外向けメインに行われ、市民が置いていかれていると感じていました。今は、地域の価値を市民と一緒に考え、市内外問わず、まちの魅力を伝えていくことにやりがいを感じています」と語ってくれました。北本市とＳＤＧｓの可能性についても、目を輝かせて語る2人は、「ＳＤＧｓ×シティプロモーション」を通じて、きっと北本市を持続可能なまちにしてくれるはずです。

事例⑤ スマートシティ戦略部門

先端技術を活用して持続可能な都市を実現する

一緒に考えてくれる人：栗井美里さん（大阪府スマートシティ戦略部スマートシティ戦略総務課）

栗井さんの仕事

２０３０年の自治体を考える上で、ＩoＴ、ＡＩ、ビッグデータといった技術を活用し、都市機能の効率化や地域課題の解決を図る「スマートシティ」は切っても切り離せないトピックでしょう。国内では、少子高齢化や過疎化の解決策のひとつとして、自動運転やオンライン診療といった幅広い分野で活用が議論されています。新型コロナウイルスの感染拡大を機に、簡便な電子申請やリモートワークなど、行政もデジタルトランスフォーメーション（以降、ＤＸ）の積極的な活用が求められる時期に差し掛かっています。

２０２０年度のＳＤＧｓ未来都市に選定されるなど、大阪府はＳＤＧｓの推進に積極的

職場での粟井さん

です。今後の自治体行政に大きな影響を与えるスマートシティに焦点を当て、粟井美里さんと一緒にＳＤＧｓの観点で見ていきます。

大阪府は、２０１９年7月にスマートシティ戦略準備室を立ち上げ、翌年4月からスマートシティ戦略部を設置しました。入庁5年目の粟井美里さんは、部の設置と時を同じくして配属され、「大阪スマートシティ戦略」の推進や「大阪コロナ追跡システム」の立ち上げに関わっています。また、企業やシビックテック、府内市町村、大学等と連携して〝大阪モデル〟のスマートシティの実現に向けた推進体制として8月に設立する「大阪スマートシティパートナーズフォーラム」の事務局運営も担当しています。

粟井さんは「スマートシティ自体は、デジタル用語が多く、行政職員にも専門知識が求められます。新たな試みであることから、前例がないことに対する庁内の拒否反応のようなものが全くなかった訳ではありませんが、企業や府内市町村・大学等のあらゆるプレーヤーと連携を図りながら進めていくうえで、視野を広く持ち、多様な価値観・意見を取りまとめながら、『大阪モデル』のスマートシティの実現に向けて尽力していきたい」と語ります。

SDGsに関連する取り組み

①大阪スマートシティ戦略

大阪府が進める「スマートシティ戦略」は、万博の開催に向けた先端技術の活用と、住民の生活の質（QOL）の向上を目指しており、「SDGs先進都市」を目指して推進する取り組みのひとつに位置付けられています。

この戦略では、万博が開催される2025年が期限と明確に設定されているため、SDGsと同様に目標から逆算して、必要な取り組みを検討することができます。大阪府がスマートシティを進める背景には、生産年齢人口の減少、都市インフラやニュータウンの再生など、特有の地域課題があります。同時に、企業が集積している利点を活かし、市町村と企業のコーディネートや行政DX等を対応策として掲げています。

スマートシティの実現に向けて、商業の活性化を目指す「うめきたエリア（JR大阪駅北側）」では、顔認証を使ったシームレスな移動・買い物というように、地域特性に応じた特区を設けて規制緩和に向けた実証実験を行っています。

今後、さらに進むことが予見される少子高齢化により限られる人的リソースを先端技術で補い、シビックテックなど住民の参加も確保しながら、住民のQOL向上に向けた試みはSDGsに資する未来を見据えたアプローチと言えるでしょう。

関連するターゲット

9・5／11・2／11・3／16・7／17・16／17・17

②大阪コロナ追跡システム

2020年の新型コロナウイルス感染拡大を受け、大阪府では同年5月29日から「大阪コロナ追跡システム」の運用を開始しました。

このシステムは、府内の飲食店等の施設にQRコードを設置し、利用者がスマートフォンでQRコードを撮影することで記録が保存され、利用者には「注意喚起メール」と「クラスター発生時の連絡メール」が届く仕組みです。

粟井さんは、同システムの準備段階に応援部隊のひとりとして参加。システムに関する問い合わせに対応した、AIチャットボットの導入やホームページ作成等を担当し、「誰にでも分かりやすいホームページを作成するよう心がけるとともに、AIチャットボット導入やFAQを充実させるなど情報発信方法も工夫した」と言います。大阪府のホームページでは、ユニバーサルデザインを採用し、代替テキストの読み上げ機能を備えるよう組織

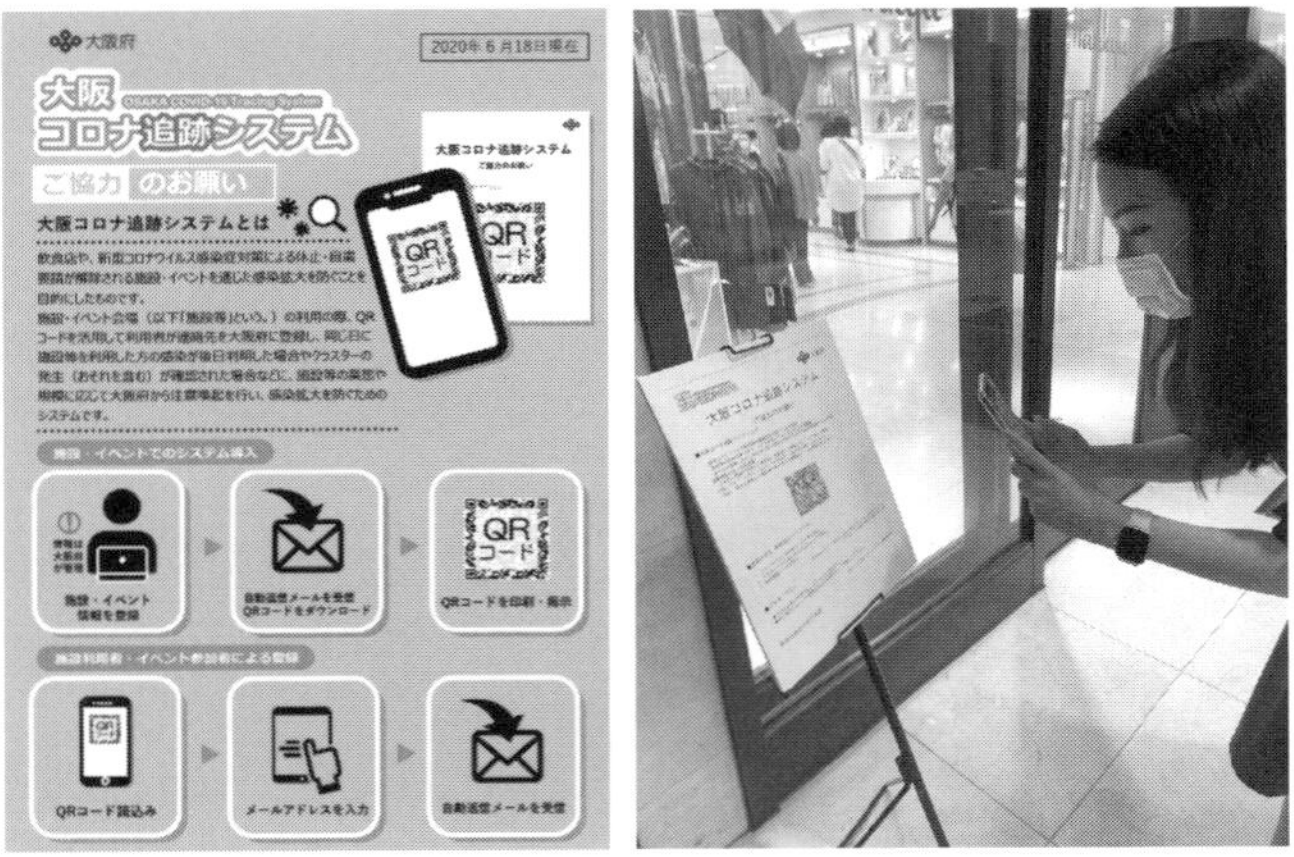

大阪コロナ追跡システムのフライヤー（左）と百貨店に設置されたQRコード

全体で実施しています。こうした視覚障がい者への配慮は、できる限り公平な情報へのアクセスを確保する上で重要です。

２０２０年7月9日時点で、施設（店舗）・イベント登録件数は約2万件、利用者はのべ約62万人に及びます。府では、ＱＲコードを読み込んだスマートフォンを使って飲食店で注文し、キャッシュレス決裁ができる「大阪おおきにアプリ」に発展させることで、さらにアプリの利用者を増やす工夫も施そうとしています。このように、初期段階から完成形を求めるのではなく、スピード感を持って立ち上げ、アップデートを重ねて改善していく考え方は、これからの行政に必要なアプローチと言えます。

関連するターゲット　3・3／10・2／17・16／17・17

今後の展開とさらなるアップデートの可能性

このように、大きな変化を行政に与えるスマートシティですが、ＳＤＧｓの観点で見ると、経済的理由などからスマートフォンを使用できない人への支援、一部の大企業に独占されるのではなく、域内の中小企業との連携を念頭に置くこと、再生エネルギーの活用、そして、情報セキュリティへのリスクに対応することが求められます。

また、「大阪コロナ追跡システム」では、ＳＤＧｓのゴール10「人や国の不平等をなくそう」から見れば、日本語が苦手な外国籍住民への配慮やスマートフォンを持っていない高齢者への配慮といったアップデートの可能性が見つかります。

粟井さんは「スマートシティとＳＤＧｓのつながりを今後さらに深め、府民のＱＯＬの向上に貢献したいと考えています」と、その展望を語ってくれました。

スマートシティの取り組み自体は、先進自治体で始まったばかりですが、先端技術によるイノベーションは、自治体におけるＳＤＧｓ推進の糸口になるはずです。

あなたの部署は何ができる？

ＳＤＧｓを使って自治体の業務をアップデートする——ＳＤＧハック！

本章では、現役自治体職員の方々にご協力いただき、それぞれの課が所管する日々の業務をＳＤＧｓの視点で整理して、どのターゲットに貢献しているかを明らかにしました。その中では、障がい者、女性、子ども、高齢者といった脆弱な立場に置かれがちな住民への配慮と、意思決定の場への参画といった共通項が見受けられます。ほかにも、これら5つの事例からは、次のようにＳＤＧｓを活用するための様々なヒントを得ることができます。

☑ 明確な目標設定とバックキャスティング手法が可能にする柔軟な政策改善
☑ 広範な課題を含むＳＤＧｓの達成に向け、組織の縦割りを超えて取り組む必要性

☑既存の取り組みに、ＳＤＧｓの観点から付加価値を付与する
☑行政機関にとどまらない、多様なステークホルダーの参画の確保
☑公民連携により、前例のない先端技術やイノベーションを活用した課題解決

このように、ＳＤＧｓの17のゴール、169のターゲット、232の指標、そして「経済・社会・環境」の三側面や、マルチステークホルダーの参画といったＳＤＧｓの特徴を使って、業務の価値を高める工夫を、本書では「ＳＤＧハック」と呼ぶことにします。

ＳＤＧハックを見つける過程では、デザイン思考のアプローチを活用して検討すると有効です。そこで、実際に仮想の事例を通じて、どのようにＳＤＧハックを見つけることができるかご紹介します。

事例：自治体の広報チラシをアップデートする

市の防災課に所属するあなたは、市が主催する「防災セミナー」について募集チラシを作成し、配布したところ、すぐに定員に達しました。

数日後、窓口を訪れた市民の高木さんから参加の申し込みがあったため、定員に達した

旨を伝えると、「定員は80名とチラシに書いてあったけどなぁ」と高木さんは言います。この状況では「単なる高木さんの見間違い」で片付けられてしまう可能性もあります。しかし、こうした何気ないやり取りに、ヒントが隠されているのです。

STEP1 違和感を見つける

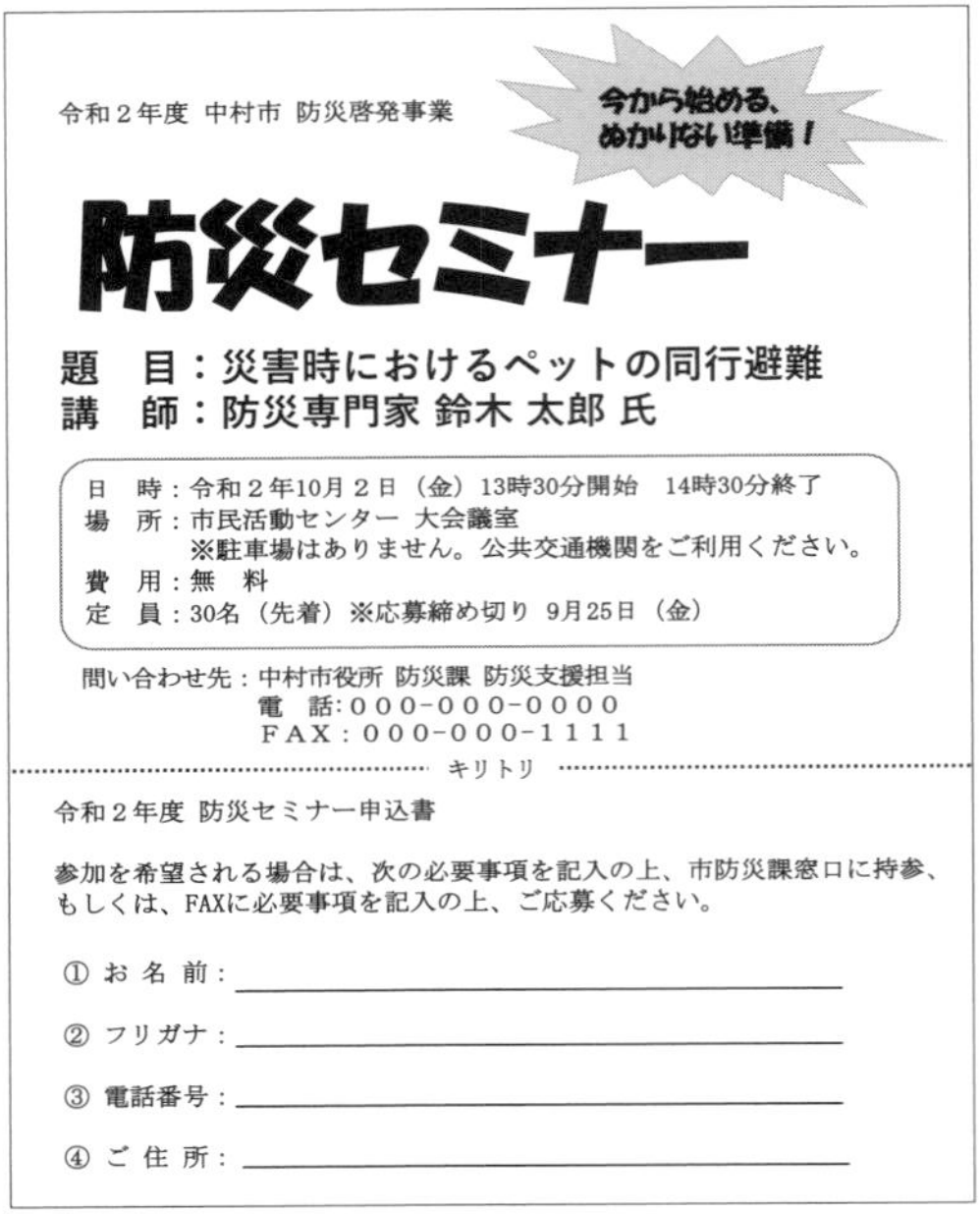
令和２年度 中村市 防災啓発事業

今から始める、ぬかりない準備！

防災セミナー

題　目：災害時におけるペットの同行避難
講　師：防災専門家 鈴木 太郎 氏

日　時：令和２年10月２日（金）13時30分開始　14時30分終了
場　所：市民活動センター 大会議室
※駐車場はありません。公共交通機関をご利用ください。
費　用：無　料
定　員：30名（先着）※応募締め切り 9月25日（金）

問い合わせ先：中村市役所 防災課 防災支援担当
電　話：000-000-0000
FAX：000-000-1111

キリトリ

令和２年度 防災セミナー申込書

参加を希望される場合は、次の必要事項を記入の上、市防災課窓口に持参、もしくは、FAXに必要事項を記入の上、ご応募ください。

① お 名 前：
② フリガナ：
③ 電話番号：
④ ご 住 所：

図1　当初（SDGハック前）のチラシ

じっくりと高木さんの話を聞いてみると、「3と8」が判別しづらいことによって、誤読が生じていました。ほかにも、高木さんは「め・ぬ」のような平仮名を読むときに目を細め、カタカナでも「ペット」と「ベット」の判別が難しいのか、眉をひそめていました。こうした何気ない反応こそが、サービスや情報の受取り手が覚えた違和感を示しています。

STEP2　違和感の原因と影響を探る

検討した結果、文字が判読しづらかった原因が「判読しづらい文字の形」と「文字の大きさ」であることにたどり着きました。

次に、この問題がもたらす影響について、ＳＤＧｓをチェックリストのように使って考えてみると、ゴール10「人や国の不平等をなくそう」に関係しそうです。さらにターゲットに踏みこんでみると、「年齢、性別、障害、人種、（中略）その他の状況に関わりなく、全ての人々の能力強化及び社会的、経済的及び政治的な包含を促進する（10・2）」に該当すると気づきました。

そこで、このターゲットを「目指す姿」に設定して、その達成にチラシの作成が貢献できることは何か逆算して検討してみると、色覚弱者に「使われる色」が影響することに気づきました。ほかにも、ゴール13「気候変動」の視点から、チラシの紙が「環境負荷」を与えているといった問題が浮かびます。こうしたいくつもの問題が、受け取り手の「違和感」を引き起こしているのです。

STEP3　違和感を取り除く要素を考える

実際に市民の声も参考にしながら、職場のメンバーで「判読しづらい文字の形」、「文字の大きさ」、「使われる色」、「環境負荷」といった問題を解決するアイデアを検討しました。すると、判読しやすい「ユニバーサルフォント」を使うといった案や、「ユニバーサルカラー」を用いてはどうか、「環境負荷」の解決には森林（FSC）認証の紙を使うことはできないかという提案が寄せられました。

図2　試作品を作って、アップデートを繰り返す

STEP4　違和感を取り除く方法を考える

アイデアが出てきたら、早速実際に試してみましょう。できるだけ早く、小さな失敗を積み重ねることが、良い結果につながる近道です。

今回の例では、図２のような試作品を作成して庁内で意見を求めたところ、「ＦＳＣ認証紙は価格が高いので、再生紙を使ってはどうか」といったアイデアや、「子どもや外国籍住民にも理解しやすいようにイラストを使ってみてはどうか」といったアイデアも寄せられました。アイデアが出揃ったら、経済・社会・環境の三側面を確認して、バランスを考えてみましょう。もし、業務レベルで三側面のバランスを取るのが難しければ、事業、施策、政策といった上位の階層でバランスを取れるように検討してください。

STEP5　違和感を取り除けるか検証する

最後に、庁内や市民からの評価を添えて、改善後の内容で進めて良いか課長や係長に提案します。このときに、プロトタイプで既に試していることが、説得力につながるでしょうし、内容によっては、庁内での水平展開も期待できます。

このように、ＳＤＧｓを使って、日々の業務で見過ごしてしまいがちな違和感を発見するためのアンテナを張り巡らせ、見つけた違和感を取り除き、誰もが心地良い状態にすることで、あなたの業務の価値はぐっと高まるはずです。

Column 4

SDGsでつながる自治体と国際社会

SDGsをきっかけに、世界とつながる自治体も現れています。北海道下川町は、その先駆的な取り組みで国内外から注目を集めています。

国連が、アジア太平洋地域のSDGsの取り組み状況を把握することを目的に毎年開催している国際会議「持続可能な開発に関するアジア太平洋フォーラム」は、新型コロナウイルスの感染拡大を受け、2020年は5月にオンラインで開催され、下川町から「下川町SDGsアンバサダー」を務める清水瞳さん(慶應義塾大学大学院修士課程2年)が発表者として参加しました。

住民が主体となって進めている下川町の取り組みを世界に向けて発信した清水さんは、「自治体の取り組みが世界を変えられることを明確に伝えたいと思っていました。また、これまでは予算等の都合で自治体が国際会議に参加することは簡単ではありませんでしたが、オンラインのイベントなら参加ができます。自治体職員もこうした変化に対応していく必要性を感じました」と語ってくれました。

オンラインでの会議等が一般的になり、今後は世界の都市と国内の自治体との距離も縮まり、お互いに学び合う時代が到来するのではないでしょうか。

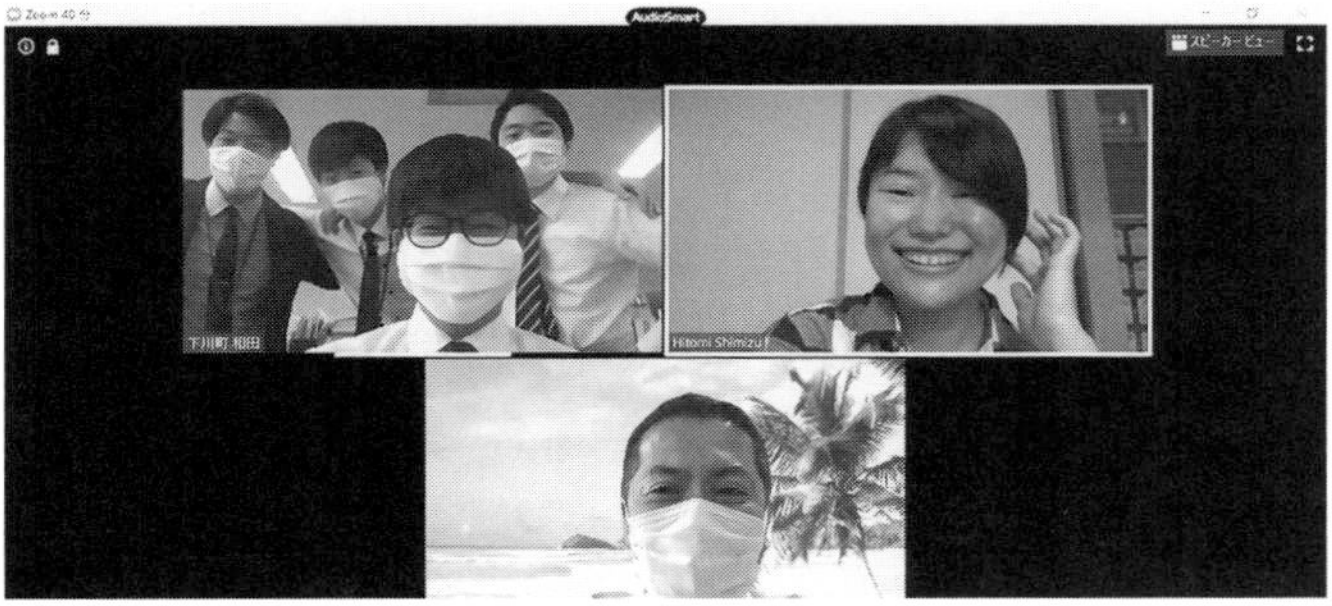

オンラインで打ち合わせを行う清水瞳さんと下川町の皆さん

第5章

SDGsで変わる議会の仕事

地方議会とＳＤＧｓ

自治体の組織は、政策の執行機関である行政だけでなく、議決機関である議会の役割も重要です。

２０１６年に策定されたＳＤＧｓ実施指針では、主なステークホルダーの役割に関する記述に議会は含まれていませんでしたが、２０１９年の改定時に追加されています。

改定版では、地方議会には、（１）「誰一人取り残さない」社会を実現するために、一人ひとりの声を拾い上げ、地方自治体の政策に反映すること、（２）行政機関、市民社会、国際機関等と連携して、地域が直面する社会課題を解決するための具体的な政策オプションを提案することが期待されています。

このように、ＳＤＧｓの採択から4年以上が経過し、地方議会もＳＤＧｓと向き合わなければならない時期に差しかかっていると言えます。

そこで、本章では、ＳＤＧｓをめぐる地方議会の動きや、具体的な活用の可能性について、三重県議会議員としてＳＤＧｓを推進する稲垣昭義さん、小島智子さんと一緒に考えていきます。

三重県におけるＳＤＧｓをめぐる動き

知事に要望書を提出する稲垣議員（ご本人提供）

三重県では、ＳＤＧｓやSociety5.0の考え方を柱に据えた「みえ県民力ビジョン第三次行動計画（以降、第三次行動計画）」を２０１９年に策定し、取り組みを進めています。第三次行動計画の成立に伴い、各部局で策定される個別計画にもＳＤＧｓの視点を反映しようと取り組みが進められています。

こうした三重県でのＳＤＧｓ推進には、議会の後押しもあったようです。

「第三次行動計画の最終案に対して、２０２０年１月に県議会として知事に申し入れを行いました。そこでは、ＳＤＧｓやSociety 5.0の視点を導入するよう進言しています。その後、2月の本会議に議案が上程され、3月に可決されています」と稲垣さんは教えてくれました。こうした働きかけも、ＳＤＧｓをはじめとした新たな政策の推進には必要です。

「第三次行動計画では、58の施策と、施策の取り組みが達成に寄与すると考えられるＳＤＧｓの17のゴールとの関係を整理しています。整理された表を見ると、施策とゴール5、7、16との関連が少ないことに気づきます。計画の柱に据えられている以上、ＳＤＧｓの観点から政策の比重や質をチェックすることは、議員の重要な役割なので、議員にとってもＳＤＧｓを理解することは必要不可欠です」と小島さんは話してくれました。

女性議員とＳＤＧｓ

ＳＤＧｓでは、政治を含めた意思決定の場における女性の参画も目指す姿に掲げられていますが、三重県議会ではどういった状況なのでしょうか。小島さんに伺いました。

「三重県議会は、１００年を超える歴史の中で、13人しか女性議員はいません（２０２０年6月現在）。私が初当選した２０１２年には、複数の女性議員が当選しましたが、私は三重県議会の歴史上7人目の代にあたる女性議員でした」

SDGsを推進する小島議員（ご本人提供）

女性に限らず、議員は選挙で落選すれば無職という、非常にリスクが高い職業と言えます。市町村によっては、議員の収入だけでは生活が成り立たない場合もあります。女性が仮に専業主婦であれば、資金面から見ても立候補するという選択肢を選びにくいことは想像に難くありません。そうすると、蓄えがある程度あり、仕事も退職した60代以上の男性が、議員に立候補しやすい環境にあると言えます。

ＳＤＧｓのめざす女性議員の少なさの解消のためには、仕事を休職して議員として活動できて、仕事に復帰しても議員の経験を活かせる制度を設けるなど、社会全体で仕組みを変えていく必要がありそうです。

ＳＤＧｓの活用と今後の展望

稲垣さんは、実際にＳＤＧｓを推進する提案をしています。そのひとつがＳＤＧｓに関する庁外との連携を包括的に取り扱う窓口の設置です。

「ＳＤＧｓが志向する統合的な課題の解決に向けて、各部局が企業等と結んでいる包括連携協定を一箇所にまとめた『ＳＤＧｓパートナーシップ窓口』の設置を呼びかけ、実現する見込みです。企業や県下の市町村にとって活用しやすいものにできればと思います」

ほかにも、若者の意思決定への参加を確保する必要があると考え、県民参加型予算の実施を２０１９年６月議会で提案し、「みんなでつくろか　みえの予算（みんつく予算）」として実現させました。これは、ＳＤＧｓのターゲット16・7「あらゆるレベルにおいて、対応的、包摂的、参加型及び代表的な意思決定を確保する」に資する動きと言えます。

小島さんは、共通言語としてのＳＤＧｓの役割に期待しています。

「議会では、翌年度どのような特別委員会の設置が必要か、会派ごとに案を持ち寄って検討します。会派ごとに主張が異なるので、その扱いに細やかな配慮と調整が必要で、話が前に進みづらいテーマもあります。そういったときに、世界共通の目標であるＳＤＧｓ

達成に向けて、一体何が必要かという視点で議論すれば検討も前に進みやすいはずです」

このように、議会は自治体でのＳＤＧｓの推進に不可欠であるとともに、議員一人ひとりが「誰一人取り残さない」ことを理念とするＳＤＧｓの視点で自治体の政策をチェックすることで、地域の持続可能性を高めることができます。

［本章に登場した議員の紹介］

稲垣昭義（いながき・あきよし）三重県議会議員
四日市高校、立教大学法学部、明治大学大学院ガバナンス研究科卒。三重銀行退職後、三重県議会議員当選、4期連続当選。平成28年、四日市市長選挙落選。ゼロからのスタートで平成31年4月、三重県議会議員に5期目当選。現在三重県議会最大会派新政みえ代表。

小島智子（こじま・ともこ）三重県議会議員
平成23年、三重県議会議員に初当選し、現在3期目。差別解消条例検討調査特別委員会委員、会派新政みえ政策委員長を務め、子どもの貧困、虐待防止など、子どもの実態から見える社会課題に取り組んでいる。

おわりに——新たな自治体の未来を、ＳＤＧｓの視点で描く

最後までこの本を読んでいただき、誠にありがとうございます。２０２０年に入り、加速度的に多くのＳＤＧｓ関連書籍が出版されている中、本書を手に取ってくださったことを嬉しく思います。

本書の出版に向けて準備を進めている間、新型コロナウイルスの感染拡大により、世界の状況は一変しました。思いがけぬ事態の発生で、社会が甚大な影響を受けることを私たちは実感しています。

例えば、コロナ禍を契機として、「オフィスや学校に行く」という前提を覆す変化が見られます。自治体でも、電子申請やリモートワークといった新たな変化を捉え、対応しなければなりません。こうした不確実性の高い社会において、ＳＤＧｓという羅針盤の価値はさらに高まったように思います。

しかし、ＳＤＧｓの活用に、未だに多くの自治体が頭を悩ませているのではないでしょうか。

本書では、自治体における課題をＳＤＧｓの枠組みで捉え直し、言及しています。１章でご紹介した数値データや３章・４章・５章の事例を通じて、ＳＤＧｓは決して遠い国の

課題ではなく、自治体も向き合い続けていかなければならない課題だと感じていただけたのではないかと思います。

また、本書では、課題の解決に向けたアプローチとして、先進自治体の事例や「ＳＤＧハック」と名付けた手法をご紹介しました。ＳＤＧｓは、「これが正解」という答えは用意されておらず、手探りで課題と向き合って解決を図ることが求められます。その中で、本書が地域課題の解決へと立ち向かう皆様のお役に立てれば、望外の喜びです。


本書の執筆には、多くの方々のご協力を賜りました。

はじめに、学陽書房の宮川純一さんに特別の感謝を申し上げます。私が執筆に行き詰まった際にも、宮川さんは常に明るい言葉で励ましてくださり、豊富なご経験に裏打ちされた的確なご助言を与えてくださったことで、本書を執筆することが叶いました。

１章では、珠洲市の社会課題をアート作品にした渡辺菜緒さん、寺井剛敏先生（金沢美術工芸大学 視覚デザイン専攻）、珠洲市企画財政課の皆様、そして、こくぼひろしさん、ひらいえりこさん、かねこまみさん（株式会社ひとしずく）をはじめ「chart project® for SDGs in ISHIKAWA」を運営されている皆様にご協力いただきました。

３章では、金沢市の髙栞宏之さん、笠間彩さん、ＯＵＩＫの永井三岐子さん、亀岡市の仲山徳音さん、山内剛さん、原田禎夫先生（大阪商業大学）、内子町の畑野亮一さん、セーブ・ザ・チルドレン・ジャパンの堀江由美子さんにご協力いただきました。

4章では、石黒大介さん（静岡市）、佐竹輝洋さん（札幌市）、仁志出彰子さん（大津市）、林博司さん、荒井菜彩季さん（北本市）、粟井美里さん（大阪府）、清水瞳さん（下川町SDGsアンバサダー）に多大なるご協力をいただきました。

5章では、三重県議会議員の稲垣昭義さん、小島智子さんにお力添えをいただきました。

また、本研究の一部については、（独）環境再生保全機構の環境研究総合推進費（JPMEERF16S11611）により実施されています。このように、多くの皆様のお力添えにより、本書を作り上げることが叶いました。ここに記して感謝申し上げます。

そして、常日頃より、私の研究を指導し、温かく見守ってくださる蟹江憲史先生（慶應義塾大学大学院）、源由理子先生（明治大学大学院）、学部時代に現在の研究テーマに進むきっかけを与えてくださった熊谷彰矩先生、瀬尾佳美先生（青山学院大学）に、心から感謝申し上げます。

最後に、いつも自分を支えてくれる家族に最大の感謝を込めて。

2020年9月吉日

高木 超

参考文献

本書におけるＳＤＧｓのターゲット、及び指標の日本語訳は、総務省政策統括官（統計基準担当）によって公開されている和訳（総務省２０１９年８月版）を引用している。

［第１章］

〈ゴール１〉

総務省「ＳＤＧグローバル指標(SDG Indicators)」

厚生労働省「国民生活基礎調査」

〈ゴール２〉

総務省「ＳＤＧグローバル指標(SDG Indicators)」

慶應義塾大学ＳＦＣ研究所×ＳＤＧ・ラボ「ＳＤＧｓ白書 ２０１９」

〈ゴール３〉

ユニセフ（２０１９）報告書『Levels and Trends in Child Mortality 2019（２０１９年度版 子どもの死亡における地域（開発レベル）別の傾向）』

総務省「ＳＤＧグローバル指標(SDG Indicators)」

〈ゴール４〉

国連広報センター「持続可能な開発（ＳＤＧｓ）報告２０１９」

文部科学省
「平成30年度児童生徒の問題行動・不登校等生徒指導上の諸課題に関する調査結果の概要」
〈ゴール5〉
World Economic Forum（2019）「Global Gender Gap Report 2020」
内閣府「内閣府「都道府県別全国女性の参画マップ[令和2年5月作成]」（http://www.gender.go.jp/policy/mieruka/pdf/map_all.pdf)」
〈ゴール6〉
ユニセフ（２０２０）https://www.unicef.or.jp/news/2020/0047.html
厚生労働省（２０２０）「水道事業における耐震化の状況（平成 30 年度）」
〈ゴール7〉
国連広報センター「持続可能な開発（ＳＤＧｓ）報告２０１９」
〈ゴール8〉
環境省（２０１７）「地方自治体の地域エネルギー政策推進に向けた取組み状況について（報告）」
国際労働機関（２０１７）「児童労働の世界推計：推計結果と趨勢、２０１２～２０１６年（日本語訳）」
厚生労働省「平成28年～令和元年 障害者雇用状況の集計結果」
〈ゴール9〉
ITU "Individuals using the Internet, by level of development" https://www.itu.int/en/ITU-D/Statistics/Pages/stat/default.aspx（最終アクセス日：２０２０年６月５日）
総務省「令和元年版情報通信白書」

参考文献

〈ゴール10〉

OXFAM international "Billionaire fortunes grew by $2.5 billion a day last year as poorest saw their wealth fall"

総務省「住民基本台帳に基づく人口、人口動態及び世帯数（平成31年1月1日現在）」

〈ゴール11〉

UN（２０１８）「The World's Cities in 2018」

総務省「ＳＤＧグローバル指標（SDG Indicators）」https://www.mofa.go.jp/mofaj/gaiko/oda/sdgs/statistics/index.html（最終アクセス日：２０２０年６月４日）

〈ゴール12〉

環境省「一般廃棄物の排出及び処理状況等（平成30年度）について」

出所１：環境省「我が国の食品廃棄物等及び食品ロスの発生量の推計値（平成29年度）の公表について」

出所２：消費者庁「食品ロスとは？なぜ食品ロスの削減が必要なの？」

〈ゴール13〉

外務省「二酸化炭素（ＣＯ２）排出量の多い国」https://www.mofa.go.jp/mofaj/kids/ranking/co2.html（最終アクセス日：２０２０年５月31日）

環境省「平成29年度地方公共団体における地球温暖化対策の推進に関する法律施行状況調査調査結果報告書（修正版）」

〈ゴール14〉
WORLD ECONOMIC FORUM (2016) "The New Plastics EconomyRethinking the future of plastics"
〈ゴール15〉
FAO (2020) "THE STATES OF THE WORLD's FORESTES 2020"
環境省「生物多様性地域戦略データベース（平成31年3月末時点）」
〈ゴール16〉
UNHCR (2019) "GLOBAL TRENDS FORCED DISPLACEMENT IN 2018"
文部科学省「平成30年度児童生徒の問題行動・不登校等生徒指導上の諸課題に関する調査結果の概要」
〈ゴール17〉
外務省「ＯＤＡ実績」https://www.mofa.go.jp/mofaj/gaiko/oda/shiryo/jisseki.html（最終アクセス日：２０２０年６月７日）
総務省「平成30年度地方公共団体の主要財政」

［第２章］
UNICEF（2018）"Every Child Alive: The urgent need to end newborn deaths"
朝日新聞社「ＳＤＧｓ認知度調査 第６回報告」https://miraimedia.asahi.com/sdgs_survey06/（最終アクセス日：２０２０年８月19日）
外務省（２０１６）「第１章 ＭＤＧｓの成果と課題」『２０１５年度版 開発協力白書』ｐｐ２－20
外務省（２０１７）「第３章　国益と世界全体の利益を増進する外交」『外交青書２０１６』ｐｐ１６８

参考文献

蟹江憲史（２０１７）『持続可能な開発目標とは何か ２０３０年に向けた変革のアジェンダ』ミネルヴァ書房

高木超（２０２０）『ＳＤＧｓ×自治体 実践ガイドブック 現場で活かせる知識と手法』学芸出版社

SDSN・Bertelsmann Stiftung (2020) “Sustainable Development Report 2020”

トレイシー・ストレンジ、アン・ベイリー（２０１１）『よくわかる持続可能な開発：経済、社会、環境をリンクする』明石書店

外務省「岸田外務大臣の持続可能な開発のための国連ハイレベル政治フォーラム（ＨＬＰＦ）等出席」https://www.mofa.go.jp/mofaj/ic/gic/page1_000359.html（最終アクセス日：２０２０年８月19日）

総務省「持続可能な開発目標（ＳＤＧｓ）」http://www.soumu.go.jp/toukei_toukatsu/index/kokusai/02toukatsu01_04000212.html（最終アクセス日：２０２０年８月19日）

内閣府「ＳＤＧｓ未来都市・自治体ＳＤＧｓモデル事業」募集リーフレット」https://www.kantei.go.jp/jp/singi/tiiki/kankyo/teian/2019sdgs_pdf/2019leaflet.pdf（最終アクセス日：２０２０年８月19日）

WWF「あなたの街の暮らしは地球何個分?」https://www.wwf.or.jp/activities/activity/4033.html（最終アクセス日：２０２０年８月19日）

Stockholm Resilience Centre ”How food connects all the SDGs” https://www.stockholmresilience.org/research/research-news/2016-06-14-how-food-connects-all-the-sdgs.html（最終アクセス日：２０２０年８月19日）

GRI・United Nations Global Compact・wbcsd「SDG Compass SDGsの企業行動指針」https://sdgcompass.org/wp-content/uploads/2016/04/SDG_Compass_Japanese.pdf（最終アクセス日：２０２０年８月19日）

蟹江憲史（２０２０）『ＳＤＧｓ（持続可能な開発目標）』中央公論新社

［第３章］
内閣府「まち・ひと・しごと創生基本方針２０１８」https://www.kantei.go.jp/jp/singi/sousei/info/pdf/h30-06-15-kihonhousin2018hontai.pdf（最終アクセス日：２０２０年８月19日）
総務省「平成27年国勢調査（人口等基本集計）結果の公表―「初の人口減少」確定に当たって―」（最終アクセス日：２０２０年８月19日）
内閣府「令和元年度　ＳＤＧｓに関する全国アンケート調査結果（案）」https://www.kantei.go.jp/jp/singi/tiiki/kankyo/kaigi/r01awg3/sdgs_r01awg3_shiryo1.pdf（最終アクセス日：２０２０年８月19日）
外務省「ＳＤＧｓ実施指針改定版」https://www.kantei.go.jp/jp/singi/sdgs/pdf/jisshi_shishin_r011220.pdf（最終アクセス日：２０２０年８月19日）
内閣府「地方創生ＳＤＧｓ官民連携プラットフォーム」http://future-city.jp/platform/（最終アクセス日：２０２０年８月19日）
内閣府「地方創生ＳＤＧｓローカル指標リスト」https://www.kantei.go.jp/jp/singi/tiiki/kankyo/kaigi/dai18/sdgs_hyoka18_shiryo5.pdf（最終アクセス日：２０２０年８月19日）
内閣府「令和２年度「ＳＤＧｓ未来都市」等の選定について」https://www.kantei.go.jp/jp/singi/tiiki/kankyo/teian/2020sdgs_pdf/sdgs_r2futurecity_press0701.pdf（最終アクセス日：２０２０年８月19日）
内閣府「第２期「まち・ひと・しごと創生総合戦略」」https://www.kantei.go.jp/jp/singi/sousei/info/pdf/r11220senryaku.pdf（最終アクセス日：2020年8月19日）
外務省「持続可能な開発目標（SDGs）実施指針」https://www.mofa.go.jp/mofaj/gaiko/oda/sdgs/

pdf/000252818.pdf（最終アクセス日：2020年8月19日）
Ellen Macarthur foundation（2016）The New Plastics Economy：Rethinking the future of plastics, https：//www. ellenmacarthurfoundation. org/publications/the-new-plastics-economy-rethinking-the-future-of-plastics
仲山徳音（２０１９）「『全国に一石を投じたい』レジ袋禁止条例をめぐる攻防」『地方行政』２０１９年10月21日（月）、ｐｐ２－５、時事通信社
堀江由美子（２０１９）「持続可能なまちづくりにおけるＳＤＧｓの課題と意義」『調査研究情報誌ＥＣＰＲ』Ｖｏｌ．44、ｐｐ13－20、えひめ地域政策研究センター

［第４章］
田中大監修（２０１７）『まんがでわかるデザイン思考』小学館

初　出

高木超（２０２０）「地域論壇：ＳＤＧｓを自治体に浸透させるには－21のターゲットは２０２０年が期限」『日経グローカル』Ｎｏ．３８６，ｐｐ48－53，日本経済新聞社
「自治体通信Ｏｎｌｉｎｅ」https：//www. jt-tsushin. jp/article/sdgs-takagi_01/（２０２０年６月）
水野谷優・高木超（２０２０）「子どもと災害」『月刊事業構想』２０２０年10月号、ＰＰ82－83、事業構想大学院大学 出版部

著者紹介

高木 超 （たかぎ・こすも）

SDGsを自治体で活用する

Cosmo Lab

https://www.cosmo-takagi.com

▶ 慶應義塾大学大学院 政策・メディア研究科 特任助教

▶ 国連大学サステイナビリティ高等研究所
いしかわ・かなざわオペレーティング・ユニット リサーチ・アソシエイト

1986年東京都生まれ。NPO等を経て、2012 年から神奈川県大和市役所の職員として住民協働等を担当。17年9月に退職し、渡米。クレアモント評価センター・ニューヨークの研究生として「自治体におけるSDGsのローカライズ」に関する研究を行うほか、国連訓練調査研究所（UNITAR）とクレアモント大学院大学が共催する「SDGsと評価に関するリーダーシップ研修」を日本人で初めて修了。2019年4月から現職（国連大学は 2019年9月着任）。鎌倉市SDGs推進アドバイザー、能登SDGsラボ連携研究員のほか、ミレニアル世代を中心にSDGsの達成に向けて取り組む団体SDGs-SWYの共同代表も務める。著書に『SDGs ×自治体 実践ガイドブック 現場で活かせる知識と手法』（学芸出版社）。

United Nations Sustainable Development Goals
(https://www.un.org/sustainabledevelopment/)
The content of this publication has not been approved by the United Nations and does not reflect the views of the United Nations or its officials or Member States.

まちの未来を描く！

自治体のSDGs

2020年10月1日　初版発行
2021年3月10日　2刷発行

著　者　高木《たかぎ》　超《こすも》
発行者　佐久間重嘉
発行所　学陽書房
〒102-0072　東京都千代田区飯田橋1-9-3
営業部／電話　03-3261-1111　FAX　03-5211-3300
編集部／電話　03-3261-1112　FAX　03-5211-3301
http://www.gakuyo.co.jp/

装幀／スタジオダンク
印刷／精文堂印刷　　製本／三省堂印刷

©Cosmo Takagi 2020, Printed in Japan

ISBN 978-4-313-16167-2 C2036
乱丁・落丁本は、送料小社負担でお取り替え致します。

JCOPY 〈出版者著作権管理機構 委託出版物〉
本書の無断複製は著作権法上での例外を除き禁じられています。複製される場合は、そのつど事前に、出版者著作権管理機構（電話03-5244-5088、FAX 03-5244-5089、e-mail: info@jcopy.or.jp）の許諾を得てください。

市民と行政がタッグを組む！生駒市発！

「自治体3.0」のまちづくり

小紫 雅史［著］　定価1,980円（10%税込）

前例のない取組みをし続ける生駒市。このまちの市長である著者が、首長の立場で考える現場のまちづくりの視点に加え、最新かつ独自のまちづくり理論、さらには数々の実践例を収めた本がここに登場！

事例でわかる！ここまでできる！

自治体の実践RPA

津田 博［編著］　定価2,640円（10%税込）

自治体の担当者に向けて、RPAの導入によりどのような効果があるのか、実際に検討すべき点は何か、導入の実際について先行自治体の最新事例をもとにまとめた！巻末には、RPAの試行・運用等に係る詳細なアンケートを収録。

マンガでわかる！自治体予算のリアル

定野 司［著］ 伊藤 隆志［画］ 定価2,090円（10%税込）

自治体予算とは何か、どうつくられてどのように使われるのかをマンガで描いた初めての本。市民課職員を主人公にして、予算の機能、予算と事業の結びつき、市長・議会と予算の関係など、各章マンガと解説ページの二本立てで詳解！